贰阅 | 阅 爱 · 阅 美 好

ERYUE

让阅读走心

让阅历丰盛

掌控自我

朱建军 著

北京联合出版公司
Beijing United Publishing Co.,Ltd.

图书在版编目（CIP）数据

掌控自我 / 朱建军著 . —北京 : 北京联合出版公司，2020.12
ISBN 978-7-5596-4559-3

Ⅰ . ①掌… Ⅱ . ①朱… Ⅲ . ①自我—通俗读物 Ⅳ . ① B017.9-49

中国版本图书馆 CIP 数据核字（2020）第 179536 号

掌控自我

作　　　者：朱建军
出 品 人：赵红仕
选题策划：北京时代光华图书有限公司
责任编辑：夏应鹏
特约编辑：陈　佳
封面设计：易　滨

北京联合出版公司出版
（北京市西城区德外大街 83 号楼 9 层　　100088）
北京时代光华图书有限公司发行
北京晨旭印刷厂印刷　　新华书店经销
字数 106 千字　　880 毫米 ×1230 毫米　　1/32　　5.5 印张
2020 年 12 月第 1 版　　2020 年 12 月第 1 次印刷
ISBN 978-7-5596-4559-3
定价：48.00 元

目录

第一章　人人内心有个原始人

[负面情绪是如何产生的]

内心住着三个"人" 003

外层：爱讲道理的"理智人" 006

中层：情绪当道的"原始人" 006

内层：心思通透的"纯真人" 008

理智人和原始人打架：心理冲突的根源 010

两小人打架，原始人常胜 010

不被熟悉的原始人 014

第二章　见识一下原始人

[用意象法缓解心理冲突]

用想象游戏来看看自己的原始人 036

想象游戏：行驶的汽车 036

想象游戏：筐中的苹果 038

想象游戏：房间里的我们 039

原始人的答案就是你的命运 042

用意象法与原始人建立良好的沟通　047

自我意象修正　047

和意象交谈　049

生动想象　050

观想本尊　052

第三章　学做原始人的知己
[化解心理冲突的内在力量]

不知道"我是谁",是内心冲突的根源　059

动物意象:让你的主要性格一览无遗　060

想象游戏:森林里的小动物　060

人物意象:性格的鲜活呈现　066

摸透情绪,才能驾驭自己　071

识别情绪的五个"雷区"　072

用民主方式来"管教"情绪　082

想象游戏:肌肉放松　085

想象游戏:全身放松　086

第四章　与人相处的规律
[解决外在冲突的攻略]

看透你的父母　096

了解父母对你的影响　096

想象游戏：上帝的礼物盒 097

父母对你的影响方式和应对策略 098

想象游戏：哄哄童年的自己 103

如何让父母意识到你是大人了 106

爱情有鲜花也有陷阱 109

爱情中的原始人会闭上眼睛 109

别把改造不懂爱的人当挑战 112

恋母情结让你很卑微 115

别让自己在失恋中受伤 117

想象游戏帮你确认爱情 123

想象游戏：三点式分析法 124

想象游戏：看动物 128

拥有更多好友的秘诀 131

让自己和别人都快乐，才是善良 131

"意译法"是安慰别人的准确方式 134

"忍"是友情的破坏剂 138

"一报还一报"原则让你顺利交友 140

想象游戏让你看清如何应对友情冲突 142

想象游戏：挑武器 143

职场中捏住未来 146

做原始人喜欢的事才易成功 146

意象法让你面试更自信 149

想象游戏：理想的应试者 152

肯为自己负责，原始人才会帮你 153

想象游戏帮你提升应对力　157

　　想象游戏：环境意象　157

　　想象游戏：你的"守护神"　159

　　想象游戏：美丽的度假村　161

附录　想象游戏汇总　163

～

第一章

人人内心有个原始人

负面情绪是如何产生的

内心住着三个"人"

人是一个谜，想要弄懂人太不容易了。古往今来多少哲人对于这个问题有过无数思考：人的本性是善是恶？先天遗传和后天环境哪个才是影响人性的关键因素？人的本质到底是什么？……至今仍然争论不休。而每个人，无论年长还是年幼，多多少少也会想过人是怎么回事，最终却没多少人可以弄清楚——弄懂别人很难，弄懂自己更不容易。

关于自己，我们有很多疑惑。比如，有时你明明知道某个人是好人，可是一见他就生气、就烦，这时你知道自己为什么会有这些情绪吗？或者，你明知道该离开恋人，可就是不能放手，这又是为什么？

之所以会身陷疑惑当中，是因为我们不了解人。不知道人是什么，我们就不可能了解人，不论是别人还是自己。

那么，人到底是什么？这个谜底其实很简单：人格的结构像葱头、像地球。

这听起来像胡说，实际上这个谜底是很可靠的。人格的结构像葱头这类的话，看似简单，实则蕴藏着深刻的思考。

人像葱头或地球是什么意思呢？从心理学视角来解释，是指人的内心或者按心理学术语称为的人格，是可以分出层次的。从古至今已有许多哲学家、心理学家提出过人格结构理论，最具代表性的就是心理学精神分析流派创始人弗洛伊德，他把人格分为本我、自我、超我三个部分；心理学家罗特哈克把人格分为自我、人层、深部人格三个层次；等等。尽管这些心理学家的划分方法不同，但万变不离其宗，都在说人格是可以分出层次的。

如果把人格细分的话，可以分为许多层，如同葱头。每一层都像一个独立的人似的，有自己的特点和活动方式，各层之间既有联系又有其独立性，互相之间有了解却又不完全了解。

粗分的话，可以分为三层，如同地球分为地壳层、地幔层和地核层一样。

在心灵地球上，地面上的人不知道地下的人在想什么、做什么，地下的人也同样对地面上人的活动一无所知。人的行动，有时是被这一层控制，有时又是被那一层控制。人会如同一辆汽车，车里有三个司机，大家轮流开车，轮流做乘客，相互间彼此知晓，又不甚了解。

对于年轻人来说，人格的结构像地球这种分法更简单易懂一些。接下来，我们就来了解一下类似的分法，将人格分为三层：

我们内心的三个小人，每个都有他的个性和小脾气。

外层、中层、内层。每一层就像一个独立的人，有自己的个性和脾气。

外层：爱讲道理的"理智人"

最外层人格的特点是，用逻辑和语词来进行思考。他就像个科学家，比较冷静，做事有计划，但是缺少灵感、创意和幽默感，所以我们把他称为"理智人"。

我们也可以把他理解为意识中的自己。他知道自己是个现代人，会计划各种事情，会读书，会说话，知道现实世界的种种要求。他知道必须工作才能有饭吃，结婚要考虑对方的各种条件等。他有自己的生活目标，还有种种知识、学问，有自己的人生观、价值观和世界观。

总之，他在逻辑思考中来看待自己和世界。他认为他的想法和念头就是自己全部的内心活动。

中层：情绪当道的"原始人"

心理学大师荣格认为，"每一个人心中都活着一个原始人"。他所说的"原始人"指的就是我们的中层人格。平时我们不能直接"看到"他，因为有外层的"理智人"在遮挡着他，除非情绪冲动时才偶尔可以"看到"。我们说自己"失去理智了"，也就是外层的"理智人"不发挥作用了，往往是太生气的时候，或者是坠入情网的时候。在这些特殊状态中，我们的情绪和行为会少许多条条框框，更直接，也更加无拘无束，这时候的我们不是很像随心所欲的原始人吗？

原始人最明显的特点是有情绪。我们的情绪主要聚集在"原始人"这里。当情绪强烈时，原始人会成为我们内心的总统，统治着整个人。还有一种特殊的情况，做梦的时候，也是原始人主导着我们。

做梦的时候，人的想象活动很丰富。梦境说到底就是人的想象，而原始人想弄懂一件事恰恰是不用逻辑思维的，而是用想象（也称为形象思维）。我们很少会在做梦时进行分析推理，平时我们用"如果……那么……"来表述事情，睡梦中是不会这样的，做梦总是用生动而具体的形象。比如一个人临近结婚时做了一个梦，梦见自己被关进监狱，这表明他的原始人认为：结婚就意味着失去自由。制造梦境是原始人表达自己的一种主要方式。

原始人很擅长使用形象化语言。他的表达方式很像我们在现实生活中见到的一个原始部落居民、一个儿童或是一位艺术家。如果我们到非洲原始部落或是偏远的少数民族村落中做客，就会发现那里的人讲话都很有诗的韵味，特别形象生动。如果我们没机会去那些地方，那么看看身边的小孩，小孩也是这样说话的，还有艺术家们也是。

实际上，每个人的人格中都有类似原始部落居民、儿童或是艺术家的部分，我们的灵感、创意、幽默等都来源于此处。

内层：心思通透的"纯真人"

东方文化中道家所说的"真人"和佛家所说的"佛"，都是指最内层的自己，也是我们这里说到的"纯真人"。这是难以达到的状态，因此我们不大可能看到。

最内层的自己不思考也不想象，只是沉浸在活着之中，体验生命的每一次脉动。他像一面镜子一样面对世界，不会歪曲自己看到的任何东西，不会说一句谎话，是什么就是什么。他也能接受这世界像一面镜子，把全部内容都完整地呈现出来，不会掩盖任何东西，也不会排斥任何东西。"太阳照善人，也照恶人"，他不过滤善恶，也不会忧虑。

不论多坏的人，他的内在部分仍是至真至诚的，没有任何虚假和谎言，所以我们把这部分称为"纯真人"。他像刻录机一样记录事情，像计算机一样处理资料，是最可靠的。

冷静的"理智人"，随心所欲的"原始人"，不说谎的"纯真人"。

理智人和原始人打架：心理冲突的根源

两小人打架，原始人常胜

既然我们的人格由三个部分组成，每个部分又像一个独立的人，有自己的认识、行为方式等，那么他们天天相处在一起，难免会出现一些分歧和争执，严重的时候甚至会发生争斗。而这种争斗，就是我们常说的心理冲突。

记得我小时候写作文时，写到内心冲突时常这么比喻："我的心里好像有两个小人在打架。"小时候的我，并不知道自己竟然顺口说出了一个心理学原理。我当时所说的这两个小人，现在看来更多是指理智人和原始人。因为尽管内心有三个人存在着，但是纯真人更多是旁观，多数情况下只是单纯地呈现自己，并不参与决策。所以，纯真人不是心理冲突的主要发起者，我们绝大多数烦恼是理智人和原始人斗争的结果。

例如，一个学生捡到了钱，是悄悄地塞进自己的口袋，还是交给老师？他内心的原始人和理智人开始打架，一个说："这么多钱可以买多少好东西呀，不能交。"另一个则说："老师教育我要拾金不昧，必须要交。"截然相反的说法在他心里交替出现，当谁也说服不了谁时，他就会很难受。

又如，有位已婚女性被婚外情所吸引，欲红杏出墙，又觉得这样做不道德；欲安分守己，却又不甘心。这也同样是她内心两个小人的内战产生的影响。

再如，一个人被亲人激怒，想打人，但是又知道不该那么做，这也是一种"内斗"。

"内斗、内战"这种心理冲突会耗费大量的心理能量，因此，冲突多的人往往在精神上显得很疲惫，或者很忧郁。我们平时说的神经衰弱的起因主要就是心理冲突。

有个规律：当理智人和原始人发生冲突时，理智人往往会觉得自己才是心理世界的总统，总想按自己的意愿行事，忽视原始人的存在与影响力。理智人会认为："我做什么，自己还不知道吗？"他以为完全知道自己，也完全能控制自己，他把自己等同于整个心理世界。

实际上，并非如此。他时常会发现，自己这个总统说话未必算数。例如许多人在情绪冲动时会"自己管不住自己"。所谓的"自己管不住自己"，确切说，就是理智人管不住原始人。大家还常常说"我没办法了"，指的也是理智人拿原始人没办法。

比如，一个人想早起跑步，但就是起不了床，这时就是理智

理智人和原始人吵架时，很多时候纯真人就是个看客。

人想跑步，而原始人不想跑步，想赖床。再如，我们给自己制订了背单词的计划，到了该背单词的时间却无法实行，也是因为原始人不想背单词，违背了理智人的意思。

经常被违背，理智人必然要不高兴的。他希望一切按照自己的意愿来实现，会责怪原始人，或者用各种方式来减少甚至完全去除原始人对心理世界的影响。可是实际情况是，无论他讲多少道理，列举出多少让自己来做心理世界主宰的好处，都无法消除原始人的影响，甚至还常常受制于他。

弗洛伊德就曾发现人在理性之外会做出许多"莫名其妙"的事。

有个人和妻子感情不好。妻子送给他一本书，他随手放在什么地方，找不到了。他也曾真心实意地找过，却始终找不到。后来有一次，他的母亲病了，妻子无微不至地照料他母亲，这令他内心十分感动。一天回到家后，他随手拉开一个抽屉，很巧的是妻子送的书就在里面。

弗洛伊德指出，起初书之所以"神秘失踪"，是因为这个人的内心（也就是我们所说的原始人）有一个念头："我不喜欢她，不要她的书。"于是原始人把书藏起来，并且不让理智人意识到书放在哪里。妻子以她的实际行为感动了他的原始人，他伸手打开抽屉把书拿出来，表示："我喜欢她了，愿意要她的东西了。"

所以实际上，原始人的影响不仅无法消除，而且真正占据了人类心理世界的主导地位。

这道理其实不难理解，依据的正是人类思维的发展规律。

人类的思维方式本身就是从原始的非理性、少逻辑状态，逐步发展到理性逻辑状态的。人出生后，会以原始人的状态开始认识世界，从而形成早年的心理经验，它们是作用于人格深层的早期心理经验，对一个人的一生有着巨大影响。[1]多数时候，它们不仅象征着某一次经历或体验，还象征着一个人心目中的世界、人生、自我处境和自我现实等。而这些经验会长期存在于我们内心的无意识领域，成为我们看待周围事物的背景、参考和坐标系。多数时候，人们虽然无法意识到它们，却会深受其影响。

而理智人，则是伴随着我们日渐发展出的逻辑思维能力而形成的。这部分心理能力和经验往往仅作用于人格的表层部分。所以理智人拗不过原始人，也是理所应当的。

既然原始人占据着内心世界的主导地位，显然，只有了解他并学会与之相处，才是化解心理冲突的关键。

不被熟悉的原始人

尽管原始人在心理世界中占据着主导地位，但多数人并不熟

---

1 苑媛、曹昱、朱建军《意象对话临床技术汇总》，北京师范大学出版社，2013。

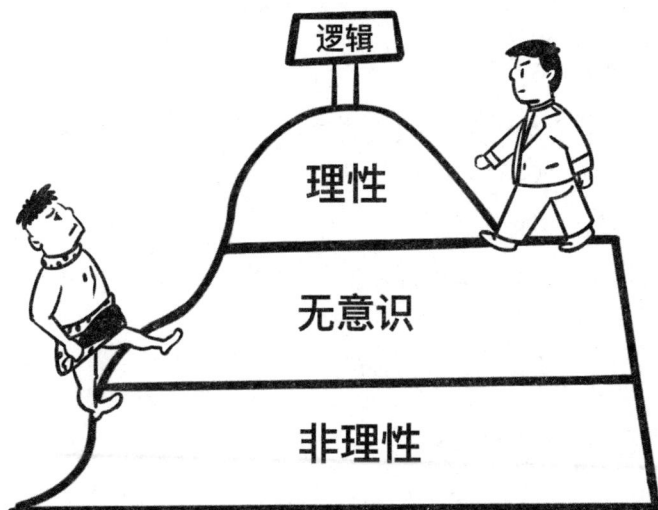

理智人是和思维逻辑一起产生的。

悉他，尤其是不熟悉他的思维方式。

通常情况下，人们熟练运用的还是理智人的逻辑思维。尤其在 20 世纪以后，无论是社会环境还是学校教育，都非常注重逻辑思维的培养，心理学家甚至用理解计算机的方式去理解人的内心，从而发展出了信息加工心理学。

在这里，我先简单介绍一下调节理智人的方式。一方面，是因为理智人出现问题时，确实会给我们带来烦恼，了解调节他的方式有助于我们化解冲突、调节情绪；另一方面，调节理智人往往是我们常用的方式，通过对比，可以更容易地识别出与调节原始人方式的不同。

理智人的问题主要是无知与偏见两种，纠正起来相对容易一些。

人的无知，就是缺少知识。这比较好办，学习正确知识就可以弥补缺陷。凡是我们没有经历过的，都可能出现无知。一个从没有谈过恋爱的人，不懂得异性的心理，结果碰壁了，这很正常。一个农村孩子刚到大城市，不懂城市的生活规律，也很自然。针对这类情况，只要当事人在生活中或是通过其他途径多学习多思考，最终会知道应该怎么去做，也就不再无知了。

人的偏见，则是指一些不正确的见解、观点和人生观等等。偏见的来源，主要是家庭和社会的影响。比如宋明时期的理学家认为，女子死了丈夫，应该终身不嫁，否则便是失节，是下流淫荡的表现。通过家庭教育，当时的绝大多数女性接受了这一观

无知　偏见

理智人的问题主要是无知与偏见。

点。但如果一个女人的丈夫已去世，她本人还年轻，还渴望着爱情生活，内心往往会产生冲突，有强烈的痛苦感。

实际上，每个时代都会有偏见，我们不得不在有意无意中接受着许多偏见。比如，有人认为有钱才有幸福，人活着就要不顾一切挣大钱，这就是一种偏见；还有人认为人应该视金钱如粪土，平淡清寒的生活才纯洁又美好，这何尝不是另一种偏见。

偏见，用心理治疗法中的"认知重塑技术"就能改善。这个方法的要点是，首先要让错误的认知明确化。因为偏见而陷于烦恼痛苦中的人，往往没有冷静认真地思考过问题的源头，他们的错误认知也不曾明确地表达过，而是隐含在话语之中。比如"别人都那么幸运，为什么只有我这么倒霉"，这种话我们常常听到。说这种话的人从来没有想过：别人都幸运吗？别人其实有幸运的也有不幸的，甚至比你还不幸得多。这种话隐含的意思是"我不应该比任何人不幸"，这种错误的认知就是自寻烦恼。挖出错误认知后，下一步是用正确的认知取代它，这需要我们找到正确的认知。我们可以多读些书，多向别人学习，以获得更正确的观点。最后，我们可以通过重复来加深印象，从而让新的认知取代旧的认知。

结合以上这些方法，我们可以看到，调节理智人的方式往往是以讲道理为主，一旦告诉他事情该怎样做，大体就能解决了。而原始人使用的是原始思维。比起理智人使用的逻辑思维方式，原始思维是我们更原始的认知方式，弗洛伊德把它称为"初级认知过程”，或为“原发过程”。

用讲道理的方式来对待理智人是管用的，因为讲道理（逻辑思维）本身就是理智人的语言，但是用到原始人身上行不通，因为原始人的原始思维是一套不同于理智人的思维方式和语言体系。这是我们不太熟悉的一套语言体系，因此当我们面对原始人的时候，就仿佛面对一个说不同语言的外国小孩，我们既不懂儿童心理学，也不懂这个孩子所在国家的语言，相处起来自然很费劲。当这个孩子犯错时，我们没有办法去纠正他；当这个孩子心情不好时，我们也没办法去安慰他。

那些难以调节的心理冲突的根源，往往就在于我们对原始人的原始思维不熟悉。如果我们可以了解这种思维方式，对心理冲突的调节自然会变得简单很多。换句话讲，只有了解了原始思维，学会和原始人沟通，我们才可能让内心减少冲突。

下面详细介绍一下原始思维的三个主要特点。

特点 1：不懂大道理

理智人已经知道的东西，原始人可能一无所知。

一个女孩被恋人抛弃了，她很伤心。这时有人劝她不必伤心，而且告诉她："那个男的本来就不是什么好东西，如果嫁给他，你这辈子就惨了，所以现在离开他是一件好事。况且，你这么漂亮，还愁没有人爱你吗？天涯何处无芳草，何必吊死在一棵树上……"

学业　　　事业

原始人从来听不懂大道理。

女孩听了，说："你说的都有理，可是，我还是伤心。我还是要再努力，让他回心转意，我试着去对他更温顺些、容忍些，也许他就会要我了。"

在旁人看来，这个女孩怎么这么糊涂，别人已经把道理说得很清楚，她为什么还是不明白？

其实，不是女孩不明白，她内心的理智人早已明白了，甚至也在努力地让她忘掉恋人；但是，她的原始人不明白，只相信自己在经验中或感受中学到的东西。在她的经验中，那个男人对她一向很好，这次突然要抛弃她是个例外。在她的感受中，她和恋人的相处是无比甜蜜美好的，从没人这样爱过她，因此，她不认为他是坏人。虽然别人说天涯何处无芳草，可是在她的眼中，只有一株芳草，就是他。

在爱娃眼中，希特勒就是一个很好的人。因为她见到的希特勒，对她总是很好。不错，别人会告诉她，希特勒下令杀死了成千上万的犹太人，但是，她并没有见到希特勒动手杀一个人。如果见到希特勒在她面前一刀刺死了一个人，她也许会认为他残酷，对他的看法发生一些改变。但是，她从没见到过。因此，有关希特勒杀人的事对她来说，不过是一个抽象符号而已，她的原始人自然是不会被影响到的。

原始人不懂得抽象的事物，只懂得形象的、具体的、活生生的、有血有肉的现实。

儿童的人格结构中层，也就是原始人部分，是很占优势的，所以相对于成人，他们的行为表现会更加随心所欲和自由自在。同样，对于青少年来说，原始人也相当有势力。即便高考在即，有些考生虽然坐在书桌前，明知道复习的重要性，却还是无法集中注意力。此时他们的原始人也许在说："外面风和日丽，绿树成荫，鲜花盛开，去游泳、去打球、去郊外登山……该多有意思，为什么要读这些无聊的书本？"

但是不读书就考不上大学啊，将来事业上就难以有大的发展，就会落伍于时代，落伍于同龄人。再说，大学生活充满魅力、丰富多彩（当然也有些大学生会认为并非如此），为了上大学后能快乐地享受，现在少享受一点也值得……这一切道理，他们的理智人懂吗？理智人显然是懂的，并且会反复说给自己听；但是原始人不懂，或者说不完全懂。原始人只懂得当前外面的天气很好，出去玩会很愉快，读书很无聊。至于什么事业、社会地位、大学生活，他之前没有经历和体会过，对此一无所知，自然也不会有更多动力。当理智人强迫他坐在书桌前，原始人却不想读书时，就会产生内心冲突。

切记，不要和原始人讲大道理，他不懂的。他懂的是真真切切感受到的、形象具体的事。

特点2：情结会时常作梗

情结，是指一群重要的无意识组合，或是一些藏在人心中强烈而无意识的冲动。简单说，就是一些我们可能不知道却会被其影响的心灵聚集物。通常情况下，情结中蕴藏着大量的情绪和能量，集中在原始人部分。

畅销言情小说作家琼瑶，用一句古诗词做她的书名《心有千千结》。心结其实就是情结。"心有千千结"，用心理学术语解释就是：人的内心有许多情结。

情结是一种心病，虽然多数看起来很美很感人，但是很扎心。它就像珍珠一样。珍珠不美吗？很美，但它其实是蚌受伤后的产物。当一粒沙进到蚌肉中，蚌感到疼痛，于是便分泌液体包裹这沙粒，久而久之，分泌物凝固后变硬了，就成为珍珠。所以珍珠是蚌的伤痕，只不过层层包裹后显得较为圆润，对蚌的刺激比沙粒小得多了而已。

心结也是一样。心受伤后，人们是用眼泪去包裹心中的沙粒，用心里的眼泪一层层包裹它，直到形成一个情结。在触动珍珠时，蚌会痛；在触动情结时，人心自然也会痛。

一个人的心受伤害后，当时会很痛苦，过了一段时间后，便慢慢地有些麻木，不那么痛苦了。时间似乎治愈了伤痛，受伤的人以为这伤已经不存在了。但其实不是，它作为一个情结停留在我们人格的中层位置，也就是原始人部分。此后如果有一件和伤心往事相似的事发生，哪怕是一件极小的事，这个人也会感到很强烈的痛苦。这就是因为他有情结，也就是"有心病"。

一个女孩很小时，父亲因车祸突然去世。车祸发生时，她也在车上。她痛苦了一阵就过去了。恋爱后，她的男友出了一个极小的事故，虽然只撞碎了一个车灯，但是她受到了很大的惊吓，从此再也不许男友开车，甚至不敢看男友坐车，见到车就害怕。

这就叫情结，先前父亲的事故埋下了情结，后来在男友开车时，它爆发了。

情结会带来无数奇异的行为表现。假如这个女孩的父亲在遇车祸时，穿的是红色运动衣，她也许自此会害怕红色运动衣，甚至会怕其他红色的东西。别人看到她这种表现，可能不太理解，甚至她自己的理智人也不理解，但是她的原始人是懂的。

我们也许不曾有这个女孩这样的情结，但是每个人多少受过一些伤害，同样也会形成种种情结。所以，"心有千千结"这句话，对大多数人都是适用的。

判断我们是否有情结并不难。只要我们对某件事物或某个人，有超乎寻常的害怕或焦虑等情绪，那就说明我们有与其相关的情结。

当然，有时心灵受到伤害不是因为一件事，而是在一段时间内反复经历一种情景。这也会形成一种情结。

某人的父亲十分粗暴，他的童年期都是在反抗暴君父亲。于是，在学校里，如果某个男老师讲话有一点点专制粗暴，他就无法忍受，要站起来反抗。在工作单位，男老板如果严厉一点，他也会不惜一切代价与之斗争到底。相反，如果是女老师、女老板这样对他，他就不会大光其火了。

这就是情结的影响。他对男老师、男老板的怒火，实际上更多是源于他对父亲的怒火。这些没有在父亲那里发泄完的火气郁积在心里，一遇到类似情景就会爆发出来。

由于情结中聚集着大量情绪，比如悲伤、愤怒、恐惧等，所以会对原始人的状态有重要影响。

特点3：擅长象征性语言

如果有个人认认真真地告诉你，"我是一只狗"，通常情况下，你会认定他是个疯子。但是假如你知道这个人来自原始部落，也许就不会说他是疯子了，而会觉得这是原始人的迷信或是一种独特的表达。假如说这句话的人是个3岁小孩呢？估计你也不会说他是疯子，而会认为这不过是孩子的玩笑话而已。

实际上除了这些人外，我们自己也常常在说这种话，只不过多数情况下没意识到而已。这就是我们内心的原始人的语言。

它是一种象征性语言。"我是一只狗"这句话变成通常的表达很可能就是，"我是一个性格如同狗一样的人——勇敢、忠诚、讲义气、服从、守秩序"。

我们不妨回想一下，自己是否常常用类似的话语来评价自己各种情结影响着原始人。

或别人呢？比如，"她像一只花蝴蝶""他是一头雄狮"等，借用其他事物的相似特质来表达某种特征，这就是象征性语言，是原始人擅长的。

象征性语言有时会引发一些奇特的现象。

有个女孩连续两年参加高考都未被录取。在家人的压力下，她不得已第三次读高三。每天要读过去两年中已念"烂"了的无聊课本，每天和比她年纪小很多的同学们一起上课……

在离高考只有 4 个月时，班主任无意中提起学校的新规定，即本校高三生最多可以复读三年，也就是说，这是她最后一次参加高考了。

这天中午下课后，她骑车回家，刚上车就一下子什么都看不见了，重重地从车上摔了下来。家人把她送到医院后，医生检查不出任何生理病变。

就这样，她在家里待了 4 个月，直到 7 月 9 日，她的视力开始逐渐恢复，最后，竟然不治而愈了。7 月 9 日是他们高考结束的日子。

发生这件事，很可能是她的原始人说了这种话："我不愿读书了，压力太大，我宁可瞎了，也不想再看那些书本，也不愿意参加考试了。"于是她的眼睛就暂时失明了。

原始人认为压力过大、承受不起时，出于自我保护，可能会让我们身体一些器官的功能暂时失效。如果一个遭受失败打击的人内心有这种想法——"人生的路太难走了，我走不动了"，他的腿可能真的会暂时无法走路。如果一个人内心的原始人说，"这件事真让我头痛"，他可能真的会偏头痛。实际上，偏头痛这种病十有八九是这样产生的，也被称为"心身病"。如果一个人的原始人说，"我咽不下这口气"，他可能会有憋气感，出现打嗝等现象。

如果一个女孩在恋爱中受伤害，她的原始人可能会说，"爱是危险的"。于是，以后再谈恋爱时，她也许会采取一种游戏的态度，不投入、不认真，或者干脆逃避恋爱，以免遇到危险。

如果一个中学生的考试成绩持续很好，他的原始人也许会说，"我很聪明"。于是，他自此会让自己像个聪明人一样爱思考。

原始人说的话，都埋在内心深处，但是我们的一言一行，会时刻受到影响。一旦原始人有了错误未被纠正，就难免给我们造成冲突和烦恼。

各种象征语言包裹着原始人。

~

第二章

见识一下原始人

用意象法缓解心理冲突

既然原始人的语言是象征性语言，我们和他相处时，就要选择他喜欢的沟通方式——使用意象。

　　在想象中出现的心理形象一般被称为意象。就像中文是中国人的语言，意象就是原始人的语言。意象有两个必要条件：一是想象，是指非现实层面，仅存在于头脑中；二是心理形象，是指那些呈现在我们内心的具体事物。

　　意象承载着原始人的思考内容。例如，当一个人看到了阴天的意象，说明他的原始人当下的内心状态是阴郁的，因为阴天时缺少光亮，颜色是灰蒙蒙的，恰恰是心情阴郁时的感受。因此，搞明白意象的含义，就能知道原始人在表达什么。同样，只有用意象和原始人去交流，才能更好地了解他，帮他消除错误，从而拥有良好的状态。而这种用意象与原始人进行交流的方法，就是"意象法"。

　　有一种广为流传的游戏运用的就是"意象法"。

一个人让另一个人随着他的提示语去想象："你想象自己走进了一个森林，走啊走，突然你看到了一只动物，是什么动物呢？"另一个人这时要回答他想象到的动物是什么。然后前者接着讲："你往前走，走啊走，又遇见一只动物，这次是什么动物呢？"后者再次回答这次想象出的动物。前者又引导着他去想象别的东西，比如房子、花瓶等。想象完成以后，引导想象者做出一种解释。

一般说来，想象中出现的第一只动物往往是想象者自己。假如刚才的第一个回答是"虎"，那么，想象者也许就会被告知："你如同一只虎，勇敢，刚猛，威严。"想象中出现的第二只动物常常是想象者的配偶。假如刚才的第二个回答是"羊"，那么，想象者就会被告知："你的女友或妻子性情温顺、老实，好像羊羔。"如此一一解释下去。

这种游戏颇有心理学意义。因为原始人对象征性语言的运用是非常熟练的，常常用意象，特别是动物意象来表示自己的性格。一般来说，人最关心自己，所以当让一个人想象一只动物时，他首先想到的是代表自己性格的动物形象。第二次想到的，是代表最亲近的人的动物形象。一般来说，最亲近的人多数是配偶。

如果让小孩做这个测验，那么第二只动物可能是代表父母中一个的形象。如果是将要做母亲的女性做这个测验，那么第二只

（或第一只）动物很可能是代表自己孩子的形象。

除了想象动物之外，还有一种方法可以了解一个人对自己的看法，那就是让他想象一座房子。他所想象出来的房子就是他内心的写照。

例如，一个女孩想象的房子是一座欧洲古堡，室内古色古香，温暖舒适。在生活中，这个女孩向往古典的情调，喜欢安宁典雅的生活方式，是一个有淑女气质的人。

想象中的房子有什么缺陷，表明性格有什么缺陷。

想象中的房子没有窗、黑暗，说明内心封闭。

想象中的房子残破，说明内心有伤痕。

想象中的房子窄小，说明心胸不开阔。

如果做这类游戏时，暂时想象不出形象，也没有关系，这表明我们当下也许有些害怕或是不想正视自己，给自己一些时间，不要着急。

用想象游戏来看看自己的原始人

接下来，有三个想象游戏可以让我们看看自己的原始人，同时感受一下他认为的自身状态，以及我们的人际关系和两性关系是什么样的。

🚏 想象游戏：行驶的汽车

这里有个想象游戏——"行驶的汽车"，可以帮我们看看自身状态和潜意识中的生活方向。

在想象中，你走到了一片空地，你发现眼前出现了一辆车。因为是想象，所以不必考虑现实因素，看到什么样的车都可以。

看一看这是一辆什么样的车，什么颜色？什么材质？什么类型？现在你可以上车，可以选择一个任意的位置。同时你可以看看这辆车上有没有其他的人。如果有的话，他们分别是什么样子？

现在你可以试着去驾驶这辆车，看看你会去到哪里呢？这段路程又会是怎样的？

扫一扫
体验"行驶的汽车"想象游戏

>>> **游戏解析：**

车代表一个人的身体或情感。心理学家查尔斯·莱格夫特认为："正如柏拉图时代，人们用骑手与马之间的关系来表现自己和欲望的关系一样，现代人用汽车来代表被自己驾驭的愿望。"

因此，想象中车的驾驶者是否是自己，意味着自己的人生是否掌控在自己手里。如果没有驾驶者或者自己没有坐在方向盘前，只是一个乘客，就意味着自己尚未掌握自己的生活或其他某些部分。

此时你要问自己：是谁在开车？或是谁对你进行着控制？

具体的做法是，我们可以在想象中看到驾驶者的样子，并用前面提到的了解人物的意象方式来了解这个部分。

能否掌握好方向盘，意味着能否拥有很好地驾驭自己人生方向的能力。如果在想象中发现自己掌握不好方向盘，往往表示一种无法自控的状态。

车灯或挡风玻璃的雨刷是否被很好地使用，意味着是否能很好地看清人生方向。如果上述部件出毛病，表示迷失方向或者看不清方向。

油箱里的汽油是否充足，意味着是否精力充沛。

汽车的车胎是否爆胎或泄气，象征着是否"泄气"。

此外，想象中的路表示生活的道路，车所去的方向象征生活道路的方向。故而，目的地代表一个人生活的目标，比如强调离开本国而驶向外国则往往意味着进入陌生领域。

车子所行驶的道路代表着生活的道路，路旁的建筑物或树木风景表示在生活中所经历的事物。例如高速公路意味着生活节奏很快、更现代化，乡间小路则有一种悠闲的感觉。

当一个人面临选择时，他的想象中就会有分岔，不同的道路有不同的风景，表示他的不同选择。如果你在想象中走了某一条路，则表示你的原始人选择了那一条路。通过对道路的分析，可以理解自己的原始人选择了什么样的人生道路。

🪧 想象游戏：筐中的苹果

这里有个想象游戏——"筐中的苹果"，可以帮我们了解自己拥有什么样的人际关系。

想象在你的面前有一筐苹果，其中某一个苹果吸引了你的注意力。仔细看一看这是一个什么样的苹果，它的颜色、大小、气味如何？

它跟其他苹果有什么不同？

>>> **游戏解析：**

这个想象可以看出一个人的人际情况，苹果的成熟度象征他的成熟度，苹果的大小象征他的成熟与否，苹果的位置象征他在群体中的重要性。

如果一个人的回答是：没有任何不同，所有苹果都很青，带疤。这说明，这个人认为自己和其他人没什么不同，大家都不成熟，心里有伤疤。

如果一个人回答：这个苹果最小，这个苹果在角落里，而别的苹果又大又红。这说明这个人极为自卑，认为自己不如别人，而且不被任何人注意。

🎮 想象游戏：房间里的我们

这里有个想象游戏——"房间里的我们"，可以帮我们了解自己拥有的两性关系是什么样的。

想象你和你的配偶或者男 / 女朋友在一个房间里面。

看看你和对方分别都是什么样的形象，什么年龄？什么性别？长相如何？衣着打扮如何？表情如何？

看看你们各自处在房间的什么位置，你在哪里，对方在哪里？

你们各自是什么样的姿势？你们各自的目光正在看向什么方向？

现在，你发现你们两个正在慢慢地变成动物，什么动物都可以，看看你自己变成了什么动物，对方又变成了什么动物？看看这两只动物在一起，它们之间发生了什么？它们的关系又是怎样的？

扫一扫
体验"房间里的我们"想象游戏

>>> **游戏解析：**

这个想象可以呈现两性关系的状态。

想象中两人的位置，代表着两人在关系中喜欢保持怎样的距离，以及用怎样的方式进行相处。比如距离近的两人，在亲密关系中心与心是紧挨着的；距离远的两人，在亲密关系中会更希望保持一定的距离。

目光的朝向，代表着两人的关注点与情感传递，比如想象中一个人含情脉脉地看着另一个人，代表前者的注意力在对方身上，且会传递比较多的情意；如果想象中的两个人的目光是彼此回避的，代表着两人的情感沟通有一些阻碍。

动物代表着关系中呈现的人格状态，比如一个人变成了小鸟龟，代表着这个人钝力感比较强，情绪平稳，容忍能力强。对于动物意象的解析，我们在第三章中会做详细介绍，此处不再赘述。

想象中的两只动物的关系与互动，代表着心理层面两人之间的互动与关系类型。俗语"癞蛤蟆想吃天鹅肉"很好地用原始人的语言描述了一种两性关系，具体是指：一个相貌丑陋、自身条件一般的男性想要追求高贵、优雅、自身条件优秀的女性。女方高高在上，对男方不屑与轻蔑，男方却死皮赖脸、做小伏低地追求着女方。

原始人的答案就是你的命运

在前文游戏中，你所产生的想象内容正是来自原始人的答案，也可以称为你的自我意象。自我意象与我们每个人的命运紧密相关。

为什么说自我意象与人的命运紧密相连呢？

因为人的内心有一种名为"执着"的特点。执着是一种心理惯性，在执着的作用下，人们倾向于保持原有的状态，或用以往的方式寻求满足。弗洛伊德也曾说过，"有些人'执着'于过去的某一点，不知道自己如何去求得解脱，以致与现在及将来都失去了联系"。

由于执着，我们的自我意象一旦形成，就不会轻易改变。例如，一个人在童年时期经常被冷落，他的内心世界里就会形成总是被人冷漠的意象，也许是一只四处流浪的瘦弱小猫或是别的小动物，脏兮兮的，没人喜欢，也没人给东西吃。在执着的作用下，这个人会多年固守于这个意象。所以，在他成人之后，即使周围并没有人真的冷落他，他还是常常会感觉到自己被冷落了，甚至有可能，在周围许多人看来，已经给予他很多的关注和重视，可他仍然不满足，从而产生或愤怒或委屈或恐慌的情绪。[2]

在通常情况下，由于自我意象是固定且有限的，因此我们的认识模式与反应模式也是固定且有限的。这些固定的反应模式不断地重复，就形成了一个人的命运。

自我意象中的一部分产生于理智人层面，更多还是产生于原始人层面。

通过一个人的自我意象，我们知道这个人性格温和、勤劳诚恳，喜欢传统一些的生活方式，喜欢田园诗般的生活，喜欢古典的美。此外，他还有像女性的一面，也许是温柔、重情感，也许是顺从……

如果他的这一自我意象不变，我们将很容易推测出他的人生：虽然他能干、强有力，但是进取心和攻击性都较弱，所以在竞争中容易退缩，可能不容易适应竞争。他的审美能力较强，追求宁静、平和，所以适合从事一些竞争性不强、平静安逸的工作，在平稳中度过一生。

一个人有什么样的自我意象，就会有什么样的人生。

如果一个人的自我意象是狮子，是鹰，是凯旋门，他在生活中就会采取一种进取的甚至是进攻性的态度。他会很自信、勇

---

2 苑媛、曹昱、朱建军《意象对话临床技术汇总》，北京师范大学出版社，2013。

敢，遇到困难会努力克服。他更容易获得事业上的成功，甚至一生都在奋斗。

需要注意的是，自我意象不一定符合人的实际情况。有的小孩原本智商很高，但是父母对他的学习要求极为苛刻，常常批评他"成绩差""笨"，久而久之，这个孩子也许会形成"猪"一类比较蠢笨动物的自我意象。于是他在学习上会懒惰不用功，考试屡不及格，从而加剧了他的自卑。成年后，他不论做什么，可能都是笨手笨脚的，表现得毫无能力。其实他的这个自我意象，并不能反映他先天的能力。或者说，是父母对他的苛求抑制了他能力的发展，导致他内心产生了错误的自我意象。

不过所幸的是，自我意象是可以改变的。只要改变了自我意象，心情、行为、态度等都会随之改变，命运也会因此改变。

美国心理学家马克斯威尔·马尔兹就曾提过：我们应该发现真正的自我，使我们的心理意象更接近于它。我们绝大部分人都低估了自己，实际上，每个人真正的自我都是完美和优秀的。但是我们的不够好的自我意象阻碍了真我、自我，使它不能充分地表现能力和才华。

他举了这样一个例子。

有一个推销员，不管他被公司派到什么地方，也不论提成比例是多大，他每年总是挣五千美元。在小推销区他能挣这么多，到了一个更大、各方面条件更理想的平台他还是挣这么多。后

原始人产生的自我意象比理智人多得多。

来，公司提高了提成比例，按道理他应该能挣更多了，结果他还是只挣到五千美元。

到底是什么造成了这一奇怪的现象呢？研究者发现，这个推销员的自我意象是："我是个每年能赚五千美元的人。"因此，当他在不理想的地区工作时，他会很努力，到了好地方就会松劲儿。他总是让自己符合自我意象，而不能充分发挥自己的能力，久而久之就造成了这样一种结果。

很显然，只要他把自我意象改变一下，就有可能挣到更多的钱。

用意象法与原始人建立良好的沟通

意象是我们与原始人进行直接沟通的桥梁，通过"意象法"可以改变自我意象，让原始人获得良好的状态。这对心理冲突的缓解很有效，我在这里介绍四种简单的小方法。

自我意象修正

"自我意象修正"是最常用的与原始人进行沟通的方法之一。

首先可以想象一座房子。前面说过，房子代表的是现在的自我意象。然后看一看这座房子有什么缺点，在想象中修理这座房子。接下来想象一下房子里面和外面的东西有什么缺点，也在想象中修缮一下。

如果想象中的房子很牢固，但是外表不好看，说明你认为自己的外在形象欠佳。请先修整想象中的房子。如果房子塌了一块，就补好；如果房外的花木未修剪，就剪一下。我们在内心修缮房子时，会发现自己不由自主地更注意修饰外表，甚至连相貌都会有些改善。

有位女士在想象房子时，原来的想象是：草地中间，一座西式房子，白色的墙，红色的顶，很漂亮。但是房子里边很黑暗，什么东西也没有，布满了灰尘。

由此可以推测，这位女士患有抑郁症。从外表看，她对自己的生活不应该不满意，有钱也有身份，而且她家庭和睦。但是，她的内心很灰暗。因为她习惯于为别人活，想到的永远是别人希望她怎么做，别人会如何看待她。她挣钱，不是因为自己需要很多钱，而是出于"现在的人应该有钱"的观念。她善于揣测别人的想法，却从不曾问问自己"我真正需要的是什么"。

所以，她的房子外表很好而里面全是灰。

出于修缮房子的目的，她练习想象，"把房子里的灰清洗干净，打开窗，让阳光透进来。"几次练习之后，她的抑郁就明显减少了。

有时也会有这种情况：想象的形象不理想，虽然试图在想象中改造意象，但是改变不了。这说明改变自己很困难，遇到这种情况，我们应该多尝试几次。

例如，有人想象一只鸟在船上，头向后看。这说明他总想着过去，希望回到过去。于是他试图想象鸟回身向前看，但鸟就是不动。

这时应反复地尝试，但是不要太强制。不要想象着硬把鸟头扭过来，那是没有用的，而是应该诱导鸟转头。例如，想象在船头方向放上食物。假如想象中的鸟转过头向前了，但是第二天再想象时，发现鸟的头又朝向后面了，这也没有关系。想象中出现反复是不要紧的，只要重新转过来就行了。

如果无论如何也改造不了某个意象，那就先暂时搁置，不要着急。这也许说明这一心理特点极难改变，需要专业人士帮助。

和意象交谈

我们可以和想象的意象交谈，这也是和原始人交流的一种方式。

例如，有人想象出一只虎，在草丛里卧着舔伤。他问这只虎："你是怎么受的伤？"虎告诉他自己是如何受的伤，是有个嫉妒小人暗算了他。原来，这个人因旁人的嫉妒受了伤。

再如，在蜂和花的主题意象中，一个男子想象他自己是一只蜜蜂，但是不敢接近花，咨询师让他问问这只蜜蜂为什么会害怕接近花？这个男子告诉咨询师的答案是"怕把花弄伤了"。咨询师追问他什么时候伤害过花，他的回答是新婚之夜，由于没有经验，使花受了很大的痛苦。而这个男子正是因为婚内性生活不和谐才来进行心理咨询的。

在这里，我简单解释下为什么问到蜂和花，人们就会回答自己在性方面的态度呢？因为蜂和花在"原始语"中就是男和女的意思（也可以代表男女性生殖器）。因此，一个人想象"你是蜂，在接近花"，就等于用原始人的语言问："设想你是男人，现在正在接近女人，你会有什么样的心理感觉？"原始人的回答只能是关于性的。这个问题可以测出男人对性的态度。如果一个男人太羞怯，必定会想象出自己害怕接近花，怕被花的刺弄伤等一类的情景。

这时，我们可以通过和意象的交谈来改造意象。例如，请这个男子对"蜜蜂"说："不必害怕，你现在已有经验，你不会再伤到花了。"再如，对前面提到的那只向船后看的鸟说："不要再向后看了，不管是好的坏的，都离你很远，你摸不到它们，所有的都已经过去了，你还是向前看吧，前边的景色更美。"而这只鸟在听到这些话后，大体是会有一些触动的。

需要说明的是，"和意象交谈"和下文即将提到的"生动想象"，在练习过程中，很可能会有情绪出现，比如前文抑郁症女士会体验到强烈的悲伤情绪，这时要允许自己把情绪宣泄出来。

生动想象

针对自己人格上的不足，我们可以想象出健康优秀的自我，也就是通过想象进行改造。

假如某人是个容易紧张的人，就可以想象自己变得从容镇定，遇事不慌，像之前遇到的最镇定的人一样。

想象要具体、形象，仿佛在编一部电影，自己就是其中的主人公。情节必须尽可能地接近实际生活。不要想象自己是个超人，比如可以一手拖住火车的那种超人，那只是幻想，反而对改变现实中的自己是没有帮助的。因为当我们幻想成为超人时，原始人是知道这是不可能成为现实的，等于是在做无用功。我们需要想象的，是基于当前不足而变得更出色的自己，这样的想象合理，符合现实。

假如某人是个游泳运动员，可以想象自己游得更快。假如某人是个篮球运动员，可以想象自己在打篮球，技术发挥得极其出色。注意，此时的想象一定要非常生动而具体，比如篮球运动员要生动地想象出自己是如何运球过人的，对方怎么拦，自己如何闪躲等细节；甚至想象出自己手摸着篮球的感觉，以及地板的样子、球落地的声音、身上的汗味等等。这会令这一幕更加真实。

原始人有个特性：不能清晰地分辨出真实情况和生动的想象。如果在生动的想象中有了一次成功，原始人就有可能在心理档案中记下这一情景，并且将其归到"我曾有过的成功"中，认为它们是真实发生过的，从而给我们带来自信。所以，这个篮球运动员最重要的想象之一应该是，自己成功地越人投篮。

如果一个人总是想象一些失败的情境，比如在演讲前，想象自己说错了话、出了丑、被人嘲笑等，他的原始人也就会这样记录：曾失败一次，出丑被嘲笑。把这些当成真实的经历，会影响一个人的自信。

所以，我们一定要想象成功，切勿想象失败。

观想本尊

佛教密宗有一种修炼方法叫作"观想本尊"。修炼者选一尊佛像，想象这尊佛像进入自己的胸膛，然后变得越来越大，直到和自己一样大，充满了自己的身体，和自己融为一体。他们相信，这样做可以让自己得到佛的智慧、佛的慈悲，使自己渐渐接近佛。

我们也可以采取类似方法，选择一个榜样，也就是一个真正优秀的人，想象他的样子（可以看着照片），想象他的形象和自己融为一体。这种想象，往往可以使我们在各方面都更接近那个人。

这种方法蕴含了深刻的道理：许多事我们之所以做不好，是因为我们认为自己做不到，而不是不具备做这些事的能力。

据说著名喜剧大师卓别林在一次聚会中一时兴起唱了首歌，歌声高亢动听。人们赞叹说："想不到你歌唱得这么好。"卓别林回答说："我不会唱歌，刚才我不过是在表演一个著名歌手。"

就像卓别林相信自己不会唱歌一样，我们也会相信自己不会某些事情，比如不会交际。即便我们有潜在的交际能力，在自己不相信它时，它也发挥不出来。只不过卓别林更聪明一些，他模仿歌手，让自己去设想此时此刻正是这个歌手在唱歌，于是就能唱好了。尽管卓别林本人还是不会唱歌，但是他的"歌手"会了。假如卓别林一次次去演歌手唱歌，终有一天，他会发现歌手和自己已结合为一体。那时歌手就是卓别林，卓别林也就会唱歌了。

卓别林所用的方法和"观想本尊"其实是异曲同工的，都是通过想象自己和别人的融合，来获得别人具备而自己暂时不具备的优秀品质。

需要注意的是，我们想象出来的"本尊"，是要和自己有相似性的。

如果你是男人，你的"本尊"必须是男人；女人的"本尊"必须是女人。如果你是个敏感而细腻的人，喜欢音乐，可以把自己想象成柴可夫斯基或肖邦，不要想象成拿破仑；如果你是身材纤弱的人，"本尊"绝不要选一个彪形大汉；如果你是秀美的女孩，"本尊"也应是秀美的人。

如果你本身是男人，却选了奥黛丽·赫本做"本尊"，可能会起反作用，你既不可能变得如赫本一样风姿绰约、楚楚动人，同时又丧失了一个男人应有的风度。所以，你需要选个男性形象。如果找不出自己欣赏的人，你也可以把自己想象成动植物，比如可以想象自己是虎或是松柏，从而使自己变得更勇敢坚强。

另外，我们的"本尊"不要选坏人。因为用了"观想本尊"法后，不仅社交行为会和"本尊"相似，其他方面也会向"本尊"靠拢。我们不可能只在社交这一方面发生变化，变化是整体性的。

选好"本尊"后，我们可以读一些与他相关的传记资料，或是找机会和他本人接触，比如找一张他的照片多看看，争取对他尽可能熟悉，等等。然后，每天选一个不受打扰的时间，想象"本尊"和你的身体融为一体，想象他的形象进入自己的胸腔，然后扩大，直到和自己的身体一样大而且融合。

在这个过程中，我们不要思考，不需要刻意地学习和模仿。每天可以练习 10 ~ 20 分钟。这样的话，原始人会在不知不觉中进行工作，让我们和"本尊"逐渐相似，我们的行为举止会自动地向"本尊"靠近。用不了多久，我们的言行就会有明显的改观，身边人也会感觉到我们的变化。

以上四个方法，既是我们改变自我意象的小方法，也是我们与自己的原始人进行沟通，了解他、与他友好相处的途径。掌握了它们，也就学会了与原始人的相处之道。

把自己想象成松柏，让自己变得更勇敢坚强。

第三章

~

学做原始人的知己

化解心理冲突的内在力量

不知道"我是谁"，是内心冲突的根源

心理学家埃里克森曾说过，"青年时期人生的任务就是建立自我同一性"。也就是说，年轻人需要弄清楚"我是谁""我是什么样的人"，当这些问题不能被解答时，内心就会持续处在矛盾、混乱与冲突的状态中。

这种内在冲突会带来许多现实中的问题，比如：我该找什么样的工作，是待在安定清闲的象牙塔中，还是独自创业；要么可能被"淹死"，要么成为富翁；与别人相处是该诚实纯朴一点，还是要多些机智谋略；处理事情时，是该亲力亲为，还是要多借外力；等等。这类问题在年轻人心里常常是无解的，往往需要在弄清自己是谁的前提下才能回答。

前文说过，虽然每个人的人格中有三个人，但是理智人比较容易自我欺骗，纯真人又比较难"看到"，相对而言，原始人更诚实直接，也更能呈现出有关我们自己的真相。因此，当我们看清了原始人，就大体弄清楚了自己，也会比较准确地解答"我是谁"这个问题，从而使我们从源头减少一些冲突。

此外，情绪是原始人最重要的组成部分，也是驱使我们将想法付诸实践的动力和能量，因此，年轻人多了解一下自己的情绪是必要的。了解了情绪，就会更多地理解自己的原始人。

动物意象：让你的主要性格一览无遗

我们先做一个想象游戏 ——"森林里的小动物"，看看你的主要性格是什么。

想象游戏：森林里的小动物

想象你正走入一片森林，你的眼前出现了各种各样的植物，有树、有藤蔓，还有各种花花草草，其中有一些你以前见过，另一些你从来都没有见过。每当森林里面有风吹过的时候，你可以闻见这些植物的独特气息。这时候你听到前面有一点动静，仔细一看，你发现眼前出现了一只动物。看一看，这是一只什么样的动物？它的生存状态怎么样？

扫一扫
体验"森林里的小动物"想象游戏

>>> 游戏解析：

在测验中，你看到的动物是你的原始人对自己性格的认识，也就是自我意象。前面说过，意象是原始人思考的呈现方式。就像理智人会用"做事稳重""为人宽厚"的方式来描述一个人的性格特点，原始人会用"你像只什么动物"（动物意象）来形容你的性格特点。

动物意象是把动物人格化后所代表的一种性格特点。你看到的动物有什么特点或性格，你就可能是什么性格。比如看到了猴子，就说明你更多是拥有像猴子一样活泼的性格特点。

当然，你可能看到了不止一只动物，这也很正常。每个人都有多种性格侧面，每一种性格侧面都可以用一个动物意象来比拟。当把所有的性格侧面综合起来，就会形成一个人整体的性格。比如，一个女孩和恋人在一起的时候是淘气的小猫（动物意象1），跟老板或长辈在一起的时候是温顺的小绵羊（动物意象2），但是她生气的时候是发怒的老虎（动物意象3）……小猫的调皮、绵羊的温顺和老虎的霸气都是这个女孩性格的一部分。

同时，动物意象往往代表一个人的天赋或者潜能，是一个人潜在的性格空间，这是性格的基础，对于性格尚未定型的年轻人来说，更是如此。我们了解了自己的自我意象包含哪几种动物，就可以大致知道自己的性格。

鲁智深和李逵都勇敢，但是他们的勇敢方式是不同的。鲁智深也许在动物意象中是大象，他的勇敢中有智慧，勇敢是因为心理力量非常大，所以更有安全感。大象虽然多数情况下不会主动发起战斗，却也没有哪一种肉食动物会想到去吃大象，所以大象有一种从容不迫的勇敢。鲁智深的勇敢正是这样的从容不迫。而李逵在动物意象中很可能是牛，牛的勇敢是视死如归的勇敢，是一种不顾一切向前猛冲的劲头。显然他们二人性格中的勇敢是不同的，代表二人勇敢性格的动物也并不相同。

不同的动物意象代表不同种性格特点，是由擅长"意象法"的心理学家们经过多年探索后总结得出的。心理学家们看过太多的人性格中的动物意象，积累了无数的实际经验，才对各种动物所代表的特点深有体会。

需要说明的是，这些动物性格更多是指我们的古老传说或故事中的动物性格，与现实世界中该动物的真实性格是有一些不同的。比如，真正的猪的智力未必比其他动物低，但是传说中的猪是蠢笨的；真正的狐狸也许并不狡猾，但在传说中它很狡猾。用传说和故事中的动物性格来作为我们人的性格意象，是因为我们从很小的时候起，就开始听到各种传说和故事，里面的动物性格早已被我们的原始人吸收，转化成了意象，这是根深蒂固、难以改变的。在这种情况下，我们选择传说和故事中的动物意象。

针对每一种动物的性格，我们都可以做大量的细致分析，分辨它和其他动物的不同。比如以下几种不同类型的动物，我们都可以再做分化。

第一类：较弱小的食草类动物

如羊、鹿、羚羊、兔子等，它们代表的性格特点主要是温和、善良、内向、老实等。如果你有这样的动物意象，说明你比较内向、敏感、细腻，胆子也比较小。细细分辨，可以发现这些动物之间存在细微差异，比如羊更温顺，羚羊更活泼，鹿则更灵气。

第二类：大型食草类动物

如马、牛、大象等，它们的性格和弱小的食草类动物有相同的地方，彼此间也存在性格差异。比如马很温顺，但其更突出的是比较外向、张扬、洒脱的性格。又如，牛是有力的、温顺善良的，可是一旦发起脾气来，也是犟得难以控制。

第三类：小型食肉类动物

看到猫的意象的，往往是女性，代表一种慵懒、漂亮而可爱、有点小自私、有点小脾气、有点贪嘴，具有贪睡和狡黠的特质。狗代表忠诚的品质，且遵守纪律，有较好的自我约束能力。鼠是弱小的、胆怯的，总是不引人注目地过自己的小日子，最大的缺点是目光短浅、贪婪等。

第四类：大型食肉类动物

如果你看到老虎，更多说明你是坦率、真诚、纯洁、开朗、勇敢，让人感到"痛快"的人。比如武松就是这样的人，我们可以把武松比成虎中之王。在电影明星中，李连杰身上就有"虎性"，这几年频频推出精彩大片的吴京也有"虎性"。狮子和虎的区别在于社会性，其中狮子的社会性表现突出，虎主要是英雄原型的化身，而狮子则是英雄原型和权力原型的结合。

动物的性格也并不是单一的，即使是狮子这样的大兽，实际上也有妩媚的一面，比如狮子人格的女性，往往是那种妩媚起来光彩四射的女人。狼时常和攻击性、残忍的性格联系起来，但是狼也有母性、重归属感的象征。熊代表憨厚的、温和的、可亲近的、能让人依赖的、有力量的性格特点，但熊被激惹后是非常危险的。

第五类：鸟类

鸟类大多象征着自由和美。其中，鹰是骄傲和孤独英雄，麻雀是芸芸众生，而百灵是美丽活泼的少女，男性见到百灵，则说明他有诗人气质。食腐肉鸟——兀鹰、乌鸦、渡鸟等都是与死亡相关联的，看到这些意象的人，说明他们身上或是有死亡焦虑或是有过于消极的态度。

第六类：昆虫类

各种昆虫所象征的性格区别很大。虫子往往代表的是自卑。蝴蝶象征的是自由、美、性爱和爱情，也可以象征死亡。蝴蝶还可以象征灵魂，象征"不现实的事物"，精神世界的事物，因为它的体形非常单薄，我们甚至可以认为它没有肉体。

传说中最出名的蝴蝶，一是庄周做梦时变成的那只蝴蝶。庄周曾说："我做梦变成蝴蝶，翩翩起舞，究竟是我庄周在做梦变成蝴蝶，还是蝴蝶做梦变成我庄周呢？"庄周为什么用蝴蝶这个意象，不用其他动物呢？这不是偶然。庄周是道家学派代表人物，道家的思想强调自由，不厌恶死亡，一视同仁地看待生死。蝴蝶恰好适合表达这样的思想，是自由和死亡的象征。

二是传说中梁山伯与祝英台所变的蝴蝶。他们因爱情受到阻碍，先后殉情。这里的蝴蝶包含着自由的含义——他们生前不能自由地结婚，死后终于自由地在一起了。这包含性爱和爱情的意义，更包含死亡意义。

蛾子也象征灵魂，和蝴蝶象征意义颇有相似之处。它也可以为爱情而"飞蛾扑火"，只不过在美感上比蝴蝶稍弱。蛾子的灰暗色彩象征着它比蝴蝶自卑，有一点抑郁。另一种常见昆虫蜘蛛代表性格中有控制欲的一面。

第七类：神秘、直觉类动物

这些动物包括蝙蝠、乌龟、蛇、黄鼠狼等。有这些动物意象的人，性格中有爱好神秘的一面，或者直觉比较准。如果性格特点发展不好，这样的人会变得比较阴郁，整个人看起来阴森森的；而如果发展得好，他们对自己和他人的心理洞察力会异于常人，很可能成为优秀的艺术家或心理学家。

第八类：传说中的动物

比如龙、凤凰、麒麟、独角兽等。实际上，传说中的动物正是古人创造的心理意象，就是为了表达对一种性格的感受而创造的，所以它们的心理意义非常清晰。龙、凤凰、麒麟都是几种不同动物的特点集中起来形成的一种新的动物。在心理意义上，它们正是弗洛伊德所说的"集锦形象"，代表的是几种特点的整合。

比如麒麟。我曾经做过一个梦，梦中见到了一只麒麟。在这个梦中，麒麟主要是由两种动物变来的，一是大蟒蛇，二是鹿。蛇是直觉的象征，象征着神秘的智慧。大蟒蛇很大但是无毒，象征着心理力量很强大而且没有攻击性。鹿是善良、温和、谦虚的象征。它们结合后的麒麟象征着善良、温和、有洞察力、有智慧、心理力量强大、没有攻击性。梦中的麒麟兼具蟒蛇和鹿的特点，事实上我在一些人的眼中，正是如此性格。

用古代孔子的君子标准"温良恭俭让"来衡量麒麟，除了"俭"这个特点没有发现外，其他四点都符合。难怪孔子也把自己比作麒麟。麒麟这个意象可以说就是儒家性格最准确的象征。

我们了解了这些动物意象的象征意义，同时又看到了自己的动物意象后，不妨大致推测一下自己的主要性格。这是了解性格的实用途径，简单清晰。

人物意象：性格的鲜活呈现

除了通过"你想象出什么动物"（即动物意象）来了解自己的主要性格之外，我们也可以用"你像个什么样的人"（即人物意象）来看清自己的性格。

比如，白胡子老爷爷的形象会让我们觉得智慧，书生的形象会让我们感到儒雅。比起动物意象，人物意象可以让我们更清晰地将自己日常生活的行为或内心活动，与性格特点对应起来。例如，一个人一边大口喝酒一边说着"痛快痛快"时，他就处在一种很豪迈的状态里，他有一个豪杰样貌的意象。

当然，我们的状态不是一成不变的，每个人的人物意象也不止一个。例如，A 是医生，平常性格很温和儒雅，像个书生；但是当他对一个人非常不满的时候，也许会说粗话，会用威胁的口气（你活够了？），像个"黑社会老大"。

如果我们的行为或心理活动都能和人物意象对应上，那我们对自己生动的性格就会有更全面的了解。生活中，当我们出现某一种状态时，不妨可以想象，此时此刻自己的状态，如果用一个比喻或者想象中的人物做比拟，会是什么样的？当你觉察到自己身上的人物意象时，可以做记录，格式如下：

姓名：　　　　性别：　　　　年龄：

外表和服饰（样式、颜色）：

性格（原封不动记录关键词）：

会在什么情况下出现：

其他：

我曾带领一位女博士探寻她的人物意象。她想象中出现了两个人：一个是老妇女，50 多岁，老态龙钟、驼背、衰弱无力；还有一个是小女孩，五六岁的样子，一身是泥，很可怜、很委屈。

这两个人实际上都是她，老太太代表她性格中衰弱、自卑、没有勇气的那一面，这个侧面说明她认为自己"没有朝气"，感受到自己"暮气沉沉"。而那个可怜的小女孩则代表她内心幼稚、胆小、可怜的侧面，就像浑身是土的小女孩渴望着父母的爱护却得不到一样。通过人物意象，我们很快就能清晰感受并描述出自己的性格特点。

根据各个人物意象在房子中出现的位置，我们也可以对人物意象有更多的了解。位居中央的也许是占主导地位的人格；在角落的也许是害羞的人格，也可能是喜欢独处的人格。

另外，我们还可以看看这些人在做什么。比如，一个人正在收拾家，另一个人正在看书……从而帮助我们觉察到，平常收拾家的"自我"是哪个，看书的"自我"又是哪个……

接下来，我们开始进一步的分析。

具体方式是，我们做出一个行动，或有一个内心的活动后，分析这个行动或内心活动是出于哪个人物意象，这样就可以看到自己内在的模式或者自己的应对方式了。

让我用一个现实生活中的例子来说明，如何利用人物意象来了解自己的日常生活模式。

王先生参加了一次活动，他对会场上的刘小姐很有好感，但是刘小姐对王先生并没有任何兴趣。

　　一开始，王先生对刘小姐表现得比较热情。刘小姐初次参加这个活动，被一个人热情对待，她也很感激。不久后，她觉得王先生热情得过度，于是特意表现得矜持一些。

　　这时，王先生和她开了一个玩笑，有一点轻视她的意思。刘小姐勃然大怒，王先生表现出很委屈无辜的样子。

　　对这个片段进行分析，我们可以发现王先生有多个人物意象介入其中。一开始他对刘小姐热情的人物意象是一个叫"王阳"的人物意象，这个人物意象的性格活泼开朗；而另一个叫"王矮虎"的人物意象在背后鼓励"王阳"表现自己，"王矮虎"是一个好色之徒，他相貌猥琐，个子很矮。刘小姐比较喜欢"王阳"。等"王阳"和刘小姐渐渐熟悉，"王矮虎"就忍不住要和刘小姐交往。但是"王矮虎"刚一出现，刘小姐就矜持了起来。"王矮虎"倒并不在意，他的弟弟"王八子"却很受打击，感到自卑。他缩回家里抽泣，被父亲"大王"见到了。"大王"很愤怒，就出来和刘小姐作对，开了那个玩笑。但是，看到刘小姐大怒，"大王"也害怕了。"王矮虎"很生"大王"的气，认为他不该得罪刘小姐。"王阳"年纪不过 17 岁，虽然性格很好，但是没有处理过类似复杂关系的经验，躲开不说话。"王八子"表现出很委屈无辜的样子，他也的确是无辜的。这就是王先生几个不同的人物意象。

在刘小姐这一方面，也同样有几个人物意象。第一个是"菲菲"，这是一个十五六岁的小姑娘，很怯生，很喜欢"王阳"。后来"王矮虎"出现，很是轻浮，于是"菲菲"的姐姐"安静"出现，拉"菲菲"一起回家了。后来"大王"轻视"安静"和"菲菲"，"安静"也没有打算还击，想不理他就完了。但是"安静"的妹妹，"菲菲"的另一个姐姐，20岁的"侠女"大怒出场，就有了后来的情况。

上文出现的人物，显然都代表着王先生和刘小姐的某些人格和行为方式。我们也可以通过人物意象来了解自己，具体步骤如下：

第一步，用想象游戏来找到并认识自己的人物意象，这些人物意象代表着自己的性格特点；

第二步，分析自己日常生活中的片段，试着去熟悉人物意象（即性格特点）是如何影响自己的行为或心理活动的。

摸透情绪，才能驾驭自己

通过意象游戏，我们可以更多地了解自己的性格，从而更好地回答"我是谁"这个问题。除了性格这个稳定的部分外，还有一个和"我"有关的重要部分，就是情绪。

作为驱使我们将想法付诸实践的动力和能量，情绪可以更加清晰地呈现"我"的想法、感受以及行动的缘由。我们需要摸透它。

情绪虽然很有力但往往不易驾驭。当我们发火时，试图用"压"的方式把怒气压下去，结果要么压不下去，要么表面上看似乎压下去了，实际上却变为"生闷气""发牢骚"，甚至会产生深深的沮丧和抑郁。

为什么我们不能有效地调节情绪呢？其中一个重要因素就是，我们经常无法准确地识别出它们，就好像从迷雾中看花一样，从来没有清晰地看到过它们。

识别情绪的五个"雷区"

也许有人会问，我们自己的情绪，自己总应该知道吧？其实不是。

人很擅长伪装情绪。情绪很少会直接表现出来，大多经过伪装、变形，所以许多时候，我们也未必知道自己的情绪到底是什么。

另外，情绪作为原始人的一部分，我们的理智人是不懂它的，没办法进行逻辑分析，所以只能对情绪进行合理的猜测和客观的推理。

我们先了解一下人们在识别情绪的过程中，会遇到哪些"雷区"，了解它们，我们才能更好地扫清障碍。

雷区 1："理智人"的推理错误

一个女孩自问："我是不是爱上他了呢？"对此，她自己也把握不定，所以她只能推测："当我见到他的时候，我的心跳了；当他离开我时，我急于想再见到他。可见，我是爱上他了。"

推理有时也会出错，从而使人错认了自己的情绪。

心理学家做过一组实验，让两对陌生男女同时走过不同的桥。在通过桥的时候，男孩都主动和女孩谈话。其中一对男女走过的是一座很宽阔很平坦的桥，另一对男女走过的是一座很窄且很危险的桥。过桥后，问女孩们是否喜欢一起过桥的男孩，结果发现，在别的条件都一样的情况下，走过窄桥的女孩，更易对一同过桥的男伴产生好感。

对此，心理学家的解释是，后一女孩的推理是"我和他在一起时心跳了，可见我喜欢他"。这种推理是在无意识中进行的，实际上犯了一个小错误，女孩心跳更多是因为桥窄，她有点紧张、害怕和兴奋。本来这些只是情绪，却被女孩误认为是喜爱。

顺便说一种现象：很多女孩都不爱值得信赖的好男人，却爱不负责任的坏男人。一位日本姑娘曾经写道："那个坏男人故意和一个女孩结伴来到我工作的公司，在显眼处坦然地买着东西。他详细地对我讲述他和她的交往，毫不掩饰他看到她时的开心……每次他都肆无忌惮地伤害我的感情。多么轻薄、令人生厌的男人啊！可是越是这么想，我就越迷恋于他。"

为什么会这样呢？她的解释是因为"爱"。而实际上，也许是她把和这个"坏男人"在一起时内心产生的不安感也加上去了。这种不安感，激发出她对这个男人更多的复杂感觉，所以她才自以为深深地爱着"坏男人"。而好男人没有给她带来不安，被她误以为她对"好男人"的爱不深。

错认自己情绪的一个原因就是：把一种情绪误认为另一种，或错误地叠加在另一种情绪之上。

防止出现这种情况，就要保持对自己情绪的警觉。

我们陷于某种情绪时，不妨自问："我是真的爱（或恨、恐惧等），还是把别的什么情绪误认为爱（或恨、恐惧等）了呢？"另一种自问的句式是："假如我现在的情绪并不是爱（或恨、恐惧等），那它会是什么情绪？"

通过这种内省和自问，我们可以发现自己是否混淆了不同的情绪。

雷区 2：情绪的伪装

和动物相比，人会伪装或扭曲自己的情绪，这并不是值得我们骄傲的地方。

动物也有情绪，它们有什么情绪就表达什么情绪。一只狗快乐、依恋时就摇尾巴，围着主人乱转；一只猫害怕时双耳会耷拉下来，舒服时就打会儿呼噜。没有哪只狗在愤怒时假装高兴，也没有哪只猫在害怕时能装得若无其事。

人却会伪装。人悲伤时可以做到强颜欢笑，恐惧时可以装得满不在乎，愤怒时可以装得亲切平和。因为人知道，伪装情绪有时会有好处，诚实地表达情绪有时会带来坏处。

例如，当你无所顾忌地表达内心的愤怒时，你可能会得罪某个不应该得罪的人；当你情不自禁地表达内心的恐惧时，你可能会被别人轻视嘲笑；当你毫不掩饰地表达内心的忧郁时，你可能会让别人发现并利用你的弱点。

同样，表达良好的情绪时也会有很多的顾虑。比如，你成功地完成一项任务后，如果你表现出内心的得意和快乐，可能会招来别人的嫉妒，被指责为骄傲；你表现出对一位异性的爱慕时，如果对方不爱你，会伤及你的自尊心；男人表达柔情，可能会被嘲笑为缺少男子气概……

情绪经过伪装，才能表现出"合适的""有用的"情绪，才不至于惹来麻烦。所以人们练习伪装自己的情绪，渐渐把伪装当作了日常。因为人伪装情绪太熟练了，所以最后连自己都会被骗，把伪装的情绪当成真的。

伪装的情绪对人是有害的，其实伪装的情绪和内心真实的情绪之间，无时无刻不在进行着对抗，一旦真实的情绪被掩盖，它们就得不到及时的调节和处理。如果一个悲伤的人装得很平静，别人就不会想到他需要关心。如果他装得连自己都以为自己很平静，他就不会去安慰自己。那么，他的悲伤是否就消除了呢？答案是否定的，他内心的悲伤是不会自己消失的。

有一个男孩曾爱慕大学同班女孩，他鼓足勇气表达，却意外地遭到拒绝。按说，他投入的感情很多，失败了应该很伤心才对，可是这个男孩认为自己应该是个豁达的人，应该平静地对待挫折，于是他让自己平静了。几年后，他却莫名其妙地患了心理疾病，无端地烦躁、不安、忧郁，甚至有轻生之念。

为什么在男孩的身上会出现这种奇怪的现象呢？因为他的悲伤被伪装掩盖了，并没有得到适当的处理。表面上的平静，甚至他自己也以为自己很平静，以为悲伤消除了，但真实情况是，当年被掩盖的悲伤像一枚埋在土壤下的种子，悄悄在心灵深处生长着，几年后它又以另一种形式爆发了出来，破土而出，打破了粉饰多年的平静。所以，我们必须正确对待我们的情绪，它们可是不好糊弄的。

伪装的情绪有时也会露出马脚。

有一位母亲，不喜欢女儿。但是，她认为自己应该有母爱才对，于是她就"有了母爱"。她对女儿很好。外人却发现很奇怪的一点，她对女儿很严厉，女儿有了一点小错她都要批评指责。她说：这是严格要求她、爱她。实际上，这是她心中的厌弃情绪在作祟。

如何识别自己或别人情绪的真伪呢？

方法之一是"儿童眼睛技术"。

我们都知道，相对于成人来说，孩子更能够准确地判断出谁对他好谁对他不好。虽然有的人可以装得十分喜爱孩子，哄他玩，给他吃的，但是如果这个人心里不喜欢孩子，孩子也不会喜欢他。不论他脸上笑得多么灿烂，孩子也能感受到他内心的冷漠。

孩子这方面的能力为什么这么厉害呢？很简单，孩子的三层人格中，原始人占优势，而原始人擅长的就是从行为、行为效果这些具体方面来判断人，他不会听一个人如何说，而会看他如何做，看他做得如何。

尽管一些不喜欢孩子的父母说自己是"恨铁不成钢""严格要求"，但是孩子不会听这些解释，只看行为，他就是知道"对方不喜欢我"。

我们可以装作喜欢孩子，和孩子一起玩，但是偶尔闪现出的不经意的冷漠眼神会告诉孩子："这是在装"。我们可以解释说那是因为自己累了，大人也许信，但是孩子不信，孩子只看行为。

所以，如果我们也学着像孩子一样，不听解释，只看行为，就可以看出对方的真正情绪了。

我们对自己也一样。如果一件让人愤怒的事发生了，我们宽容地对待，平静如常，过一会儿，我们发现自己的胸口发闷，或是出言带刺，此时我们就会醒悟，在内心自己实际是愤怒的。

人们往往害怕去掉对情绪的伪装，怕那样会与社会、别人发生冲突。实际上，越伪装情绪，我们与社会和别人的冲突反而会越大。你明明对一个人或一些人生气，脸上却装出笑容时，对方的原始人会这样认为，"你皮笑肉不笑的样子更可恶"，甚至会激起他们的反感或不快，结果往往适得其反。

情绪的伪装并不能帮我们有效避开麻烦，反而会制造出更多的问题，让我们在不知不觉中变得虚伪。一个伪装情绪的、虚伪的人是缺少人格魅力的。你愿意成为一个虚伪的人吗？答案必然是否定的。

雷区 3：情绪的压抑与扭曲

很多人想让自己"喜怒不形于色"。这不是伪装情绪，而是压抑情绪的表现。有人甚至努力让自己的情绪减少，让自己"成为理性的人"，就像电影里的英雄那样，面对穷凶极恶的敌人，没有一丝恐惧，甚至没有愤怒，只是冷静地做一些战术动作。

人能够真正地压抑情绪吗？不可能的。

一个女人对她丈夫生气而又压抑自己的怒气之后，她会出现一系列变化。她可能会变得抑郁，变得情绪低落，甚至会觉得活着没意思。她会变得冷漠，她会感到疲倦，她会头痛、胃痛、失眠。

被压抑的情绪会扭曲变形并再度出现。愤怒受到压抑后会扭曲变形为抑郁等不良情绪。在心理咨询中，一旦发现谁说自己"很疲倦"，我会试着问他："在生谁的气吗？"为了心理健康，我们要学会释放自己的情绪，不要压抑情绪，不要让自己成为过于"理性""喜怒不形于色"的人。

我有一个朋友，很善于压抑自己的消极情绪。他在事业上很成功，从一个农村孩子成长为国家级科研机构的研究人员。他勤奋努力，处理人际关系很认真，领导看重他，同事喜欢他，他被当成重点培养对象，提升在望。

后来，他却不幸得了癌症，不到 30 岁就去世了。在过世前，他似乎明白了一个道理，就是被压抑的情绪是健康的隐患，有诱发疾病的可能。

任何一个长寿的人都不会是压抑自己情绪的人。这是因为，压抑情绪违背我们的本性，虽然这种做法可能会让我们一时受益，但是长期的压抑迟早会导致大爆发，原始人的合理要求是需要被满足的，一味地强压只会带来更加严重的后果。

雷区 4：情绪的迁移

一位老总和妻子吵了一架，带着一股怒气来到公司。这时，恰巧有位员工来找他汇报工作中的困难，老总把这位员工狠狠训斥了一顿，说他太笨，缺少起码的工作经验等。这位员工当然不敢和老总顶撞，但是心里不服气。

下班以后，他回到家，妻子正在忙着做饭。他和妻子说着话，可妻子反应不热情。如果是往日，他也就算了，可是今天他正有一肚子火，于是和妻子吵了起来。妻子也气坏了，觉得丈夫的脾气来得莫名其妙。

在大家沉着脸吃饭时，孩子把汤打翻了，妻子的怒气瞬间爆发，冲着孩子的脑袋就是一巴掌……

情绪的迁移就是这样的过程，心理学中称为"踢猫效应"，指的是一种消极情绪像传染病一样扩散。

当然，积极的情绪也会迁移。

一个年轻人刚刚收到了恋人的礼物，心情很快乐。出门后，他看到的一切都十分美好。坐上出租车后，他笑逐颜开地和司机谈天。司机感到这个乘客很可爱、有趣，开车的平淡无聊一扫而光了。下一个乘客上车时，发现出租车司机很健谈、很热情，他也很高兴。他是一个公司的主管，他愉快的心情感染了他的下属们……

所以，情绪的迁移并不见得都是坏事，但是我们有了消极情绪时，需要记住，冤有头，债有主，谁惹你不快，你需要有针对性地来处理，实在不能面对就采用一些宣泄方法，但是千万不要把情绪发泄到无辜的旁人身上。

同样，当别人迁怒于我们时，我们应该明白，他的怒气是指向别人的。我们不必对他太认真，他这样也不是有意的。我们不要为他而生气，这样可以拒绝被感染上消极情绪。

雷区 5：目的性情绪

有的情绪是为了某个目的而出现的，我们称为假情绪。

比如，有的人一天到晚哀伤抑郁，是为了博取别人的同情；有的人动不动就大发脾气，是为了迫使别人服从他。

如果你发现身边某个人的情绪是有目的性的，最好的对待方法是不予理睬。

如果你发现他的哀伤是一种手段，你不妨对他说："我不喜

情感雷区

推理错误　压抑与扭曲　目的性情绪　情绪伪装　情绪迁移

小心这些雷，会炸哦！

欢你这种样子，不喜欢你用这种手段博取同情。"

如果你发现他用大怒来压迫你，你也不妨镇静地对他说："你发怒也没有用，我还是坚持我的立场。"

如果对方的情绪是有目的性的，一旦被揭穿，他的情绪就会一下子消失掉。说起来，这也许令人难以置信，实际上一点也不奇怪，因为那似乎强烈的情绪本来就不是真的。

用民主方式来"管教"情绪

我们学会了如何识别情绪，就会对情绪有一定的掌控力。那么，我们又该如何调节它呢？

对待情绪，如同对待一个调皮的孩子，不能纵容它，纵容它，你就成了它的奴隶；也不能压制它，压制它，你就成了暴君，而暴君总会遭到反抗，压抑的情绪必将诱发身体或心理的损害；更不能欺骗它，伪造情绪也只能是害自己。

我们该怎么做呢？我们要学会用民主的管理办法管教情绪这个"孩子"，要用引导的方法来调节。

管教情绪的前提是，正视我们真实的情绪，并且直面它。

人们面临令人紧张的情境时，会产生一种冲动，即回避这种情境，不正视问题。例如对考试没有把握时，人们宁愿自己生病、出意外以逃避考试，或者干脆不去看书免得想到烦人的考试。但是回避是不能解决问题的，只会让问题越积越多，从而使人陷入"紧张焦虑—逃避—更焦虑—再逃避"的恶性循环。

虽然正视问题、处理问题看起来很麻烦困难，但是从长远看，它恰恰是最容易的方法。

下面，我们就介绍几种小办法来帮助大家正视问题。

方法1：为情绪命名

不知道大家有没有这样的体验，当自己的情绪被别人准确地识别、命名时，内心会有一种被理解的舒适感。这就是为情绪命名的力量。

许多人发现，意象和情绪的关系十分密切。实际上，意象和情绪同属于原始人部分，先天就有共通性。

正是出于这个原因，通过单一的词汇命名来表达情绪是很难也是很不准确的。比如我们可以说自己很愤怒，但是不同的愤怒之间有着细微差别，只用一个词"愤怒"是无法传达其差异的。再如"爱恋"，不同的爱恋之间的细微差异也不能用一个词来说清楚。

如果我们使用意象来表达情绪就会变得容易且准确，让听者清晰地知道我们的情绪到底是什么。因而，艺术家、作家们都喜欢用意象来传达情绪。当他们表达愤怒时，可能会提到烈火、巨浪、风暴；当他们表达喜悦时，则用花鸟草木、大自然美景等意象。无论是绘画、音乐还是文学形式，都是用鲜活而具体的意象来表达。

"明月松间照，清泉石上流"所写的是一种情绪。"黄河之水天上来，奔流到海不复回"所写的也是一种情绪。"细雨鱼儿出，微风燕子斜"写的又是一种情绪。

我们也可以用一些词汇来勉强说明这种情绪，比如说，第一联诗表示清静，第二联表示豪放，第三联表示恬淡。但其实用这些词是无法准确体现出作者所描述的细腻深邃的意境的。

同是写愁，"梧桐树，三更雨"是一种，"砌下落梅如雪乱，拂了一身还满"与"唯有长江水，无语东流"之间也有一些差别，这些远不是某个词语所能表达的。

所以我们在日常生活中，要试着让自己多用意象来表达情绪，这样我们可以更好地理解我们的情绪。

方法 2：放松技术

我们面对让自己不舒服的情绪时，很容易紧张。生活中遇到跳出自己舒适圈的状态时，我们也容易紧张。紧张是原始人最容易出现的情绪之一。

我们几乎可以断定，紧张会导致绝大多数的失败。在运动场上，这一点最明显。紧张时，动作会走形，技术会出现失误，平时很容易完成的动作会变得难以做好。

同样，在学习工作中，紧张几乎是所有失败的根源。紧张使你害怕考试，不敢社交，不敢当众演讲，不敢与异性交往，使你厌倦工作，甚至逃避应做的事……最终事事不顺利。

"工作压力太大"，凡是这样说的人，大都是因为无法应付自己内心的紧张和焦虑。那么，如何让自己的原始人放松下来，使情绪放松呢？最简单的就是"肌肉放松法"。

在通常情况下，我们内心产生紧张时，肌肉会随之紧张起来。我们感到四肢发僵、发抖，就是由于肌肉过度紧张了。

偏头痛、肩痛、腰痛等症状，许多都是由于肌肉长时间紧张造成的。

心理紧张时肌肉跟着紧张，反之，肌肉放松时心理也会随之放松。

GAME 想象游戏：肌肉放松

1. 首先以舒服的姿势坐好或者躺好，松开过紧的腰带和领扣。

2. 放松头部肌肉，让面部肌肉松弛，面无表情，头皮放松。

3. 放松肩部的肌肉，让两肩绵软地垂下去，就好像卸下了一副担子。

4. 放松胸部的肌肉，让胸部充分地舒展。

5. 放松腹部的肌肉，当我们的胸部和腹部都放松了以后，我们的呼吸开始变得顺畅。

6. 放松臀部和大腿的肌肉，让双腿松软下垂。

7. 放松小腿和脚的肌肉，体会脚心微微发热的感觉。

8. 放松手臂的肌肉，体会手臂绵软无力的感觉。

9. 放松手部的肌肉，体会双手绵软无力的感觉。

10. 现在让我们作为一个整体来体会自己全身心放松的感觉，想象自己正躺在柔软的草地上，气温不低也不高，清风微微吹过我们的脸，一切的思虑都烟消云散了。

11. 现在我们从 1 数到 5，一边数一边让自己慢慢地恢复到我们平常的状态，1，2，3，4，5。

扫一扫
体验"肌肉放松"想象游戏

这一过程需要 10～20 分钟，中途尽量不要被别人打扰。体会一下身心完全放松的感觉。

失眠者可以在入睡前做这一练习，也许会达到意想不到的奇效，可能练着练着就会睡着了。

一般不建议午间做这一练习，因为此时容易犯困。容易困倦的人最好采用坐式，不要用躺式。

GAME 想象游戏：全身放松

1. 首先请用一种让你感到舒服的姿势坐下或者躺下来。

2. 然后，想象你的身体由一系列充满了气的橡皮气球组成。

3. 打开脚下的两个塞子，腿和脚里的气开始向外漏，腿和脚慢慢地瘪了下去。

4. 现在接着打开心窝处的塞子，胸部和腹部也慢慢地瘪了下去。

5. 接着打开双肩的塞子，双手和两臂瘪了下去。

6. 打开头顶的塞子，头部也慢慢地瘪了下去。

7. 最后感觉全身像放了气的气球一样，整个软软地瘫了下来。

8. 保持一会儿这种瘪气球的状态。

9. 现在我们要从 1 数到 5，一边数一边让自己慢慢地恢复到平常的状态，1，2，3，4，5。

扫一扫
体验"全身放松"想象游戏

经过这些放松练习后，你会发现自己的情绪容易进入平稳和缓的状态，像水一样静静流动。

方法 3：宣泄

当一个人遭到巨大灾难，痛苦到哭都哭不出来的时候，旁边的人会鼓动他哭："哭吧，哭出来就好一点了。"

如果每个人都能在伤心时痛痛快快地哭，高兴时哈哈大笑，生气时大发脾气，有什么情绪都可以立刻表达出来，内心就不会有那么多问题和创伤了。相反，如果伤心了却不哭，生气了却装得很平静，不良情绪将会郁结在心里，久久不能化解，甚至结成情结。

佛教徒有一种修行方式，叫忏悔，就是把自己过去做的坏事当众说出来。他们认为，如果不讲出来，这些事埋在心里会成为毒瘤。即使你在心里知道错了，如果不说出来，悔恨依然还会伤害心理世界，而且错误还有可能重犯。一旦当众讲出来，邪恶就会"见光死"，心理世界就被洗净。这种说法是很符合心理学原理的。

有时我们看悲剧电影，会受到剧情的感染而流泪不止。

当我们为主人公的命运而流泪时，可以使自己与之相似的情结得到情感的宣泄，甚至有疗愈的效果。

在不愉快的时候，找好朋友谈一谈、诉诉苦也是一种宣泄。女人不愉快时常常会找朋友诉苦，而男人往往不这样做，所以在通常情况下，男人受到的情绪伤害比女人大。

宣泄的方法有很多，这里再给大家介绍一种安静的宣泄方式 —— 书写，把你的不满写在纸上，心里的不满就会减少。

善用宣泄法，可以将情绪的垃圾高效地从心中清除，我们的心情就会更加明朗。

在生活中，只要环境允许，我们应该尽量保持真性情，该哭就哭，该笑就笑。有的人为了表示自己成熟老练，刻意压抑自己的情绪，让自己喜怒不形于色，甚至即使心里生气，脸上也堆着笑，这对心理健康是非常不利的，久而久之，会引发多种心理和身体的疾病。

压抑自身情绪虽然有时会有好处，比如对上司不发脾气而且永远谦恭会有利于升职，但是这种压抑会付出代价，最大的代价可能就是内心出现问题。

方法 4：想象转移

意象和情绪既然如此关系密切，调节意象也就成了调节情绪的一个极好方法，也就是，想象转移。

你陷入一种消极的、不愉快的情绪中而无法摆脱时，主动想象一种愉悦的意象，让心理世界的注意力从不愉快的情绪上转移到愉快的意象上，人也就会跟着快乐起来。

这就好比一个孩子哭的时候，给他看一个好玩有趣的玩具，孩子就会忘了哭，只顾着睁大眼去看这个新玩具了。

你情绪不高的时候，想一想过去有过的快乐的情景，比如坐看夕阳、在大海中畅游等，可以让你快乐一些。

唯一要注意的是，如果你的不快乐是由于某件事引起的，比如失恋，而你想到的快乐情景又都是恋爱过程中的，那么今昔对比的感受反而会起到反作用，让你更加不快。所以，这时最好回忆其他的快乐情景，比如童年的快乐，这样才可以转移注意力，不再沉浸于消极情绪中。

平时还可以多读一些诗词，在脑海中储存一些诗词中提到的愉快意象，在不快时想一想这些意象，不失为一种有效的方法。但是要注意，诗词中表达不愉快情绪的意象也很多。

心情抑郁的时刻，可以看看庄子的散文、苏东坡的词，看一些闲适、平和、快乐的诗词，更能起到消愁的效果。

方法 5：和意象交谈

调节情绪最佳的方法便是和意象进行对话。比如，想象你是一个成人，而情绪不佳的你是一个小孩，你安抚他、劝慰他，用愉快的情景逗弄他，千方百计让他高兴起来。你可以问这个"小孩"："你为什么不开心？"小孩也许会告诉你，他不开心的原因是没人陪他玩，他很无聊。此时，你可以在想象中抱抱这个孩子，陪他玩一玩或者做一些其他事情，把他逗开心，此时你的消极情绪也就一同被处理好了。

方法 4 和方法 5，第二章讲过，它们作为与原始人交流的好方法，可以更好地回答"我是谁"这个问题，让你对自己有了解，从而及时疏通你的情绪。

不良情绪像个孩子，逗逗他，他就开心起来了。

第四章

～

与人相处的规律

解决外在冲突的攻略

每个人都要融入世界，要和他人打交道，包括和家人相处、交友、谈恋爱、工作沟通等等。在这些关系中出现的冲突，就是我们的外在冲突，即与他人发生的冲突。

　　让这类关系舒服和谐，不是没有规律可循的。当我们更好地抓住并处理这些关系的规律时，就能减少冲突。接下来，我从家人关系、爱情、交友、职场人际四个最重要的外在关系，来讲一些处理规律和技巧。

看透你的父母

了解父母对你的影响

我们常常可以看到，子女的性格有时酷似其父母，我们认为这是由于遗传，实际上却不尽然，造成这种现象主要是父母所构成的环境对子女的影响。

人在幼年时，外在环境对他的影响最大。家庭是孩子朝夕不离的地方，所以孩子在家庭中受到的影响，对其性格的形成几乎是有决定性作用的。

出生次序，也会影响到孩子的性格。心理学家发现，长子女性格较成人化，能帮助人，自控能力强，顺从，焦虑较多，攻击性少；学习上较为勤奋、认真，学习成绩较好；工作努力。但是，他们为人处世不够灵活，害怕失败和犯错误。而最小的孩子则相反，灵活、乐观，而且自信心强。

有的长子女小时候很受宠爱，会认为小弟弟或小妹妹的出生夺去了父母的爱和关注，他们感到被剥夺的痛苦，长大后往往会嫉妒心较强。

家庭中的情绪气氛对孩子性格发展影响更大。如果家庭中气氛愉快，孩子长大后就会有乐观善良的性格；如果家庭气氛紧张、经常吵闹，孩子往往性格抑郁。父母专制，则子女要么变得怯懦、软弱，要么变得像父母一样粗暴；父母溺爱，则子女变得自私、冷漠，不懂得爱与关心；父母冷漠，则子女也会变得冷漠。即使子女对父母的一些缺点深恶痛绝，他自己身上仍会不知不觉继承同样的缺点。

我接待过一位咨询者，在谈到他父母时，他愤愤地说，他们那种固执简直让谁都受不了。而在随后的咨询中，我发现这位来访者也是固执到了难以想象的程度。

所以，你不妨试着写下你父母的三个优点和三个缺点，认真地和自己相对照，看看自己有没有这些特点。你也许会惊奇地发现，他们的大多数优缺点你都有。

此外，有个想象游戏——"上帝的礼物盒"，可以帮助我们了解自己内心深处和父母的关系，帮助我们进行自我探索以达到内心和谐。

〔GAME〕 想象游戏：上帝的礼物盒

想象你的爸爸和妈妈分别收到了来自上帝的一个礼物盒。

打开看看里面装着一只什么样的小动物？

爸爸收到的礼物和妈妈收到的礼物是一样的吗？爸爸和妈妈分别拿什么东西来喂养这只小动物呢？他们会安排这只小动物住在哪里呢？

扫一扫
体验"上帝的礼物盒"想象游戏

>>> **游戏解析：**

结合前文介绍过的动物意象方法，你也许已经知道，盒子里的动物代表的就是自己。父母用什么东西来喂养动物，以及安排动物住在哪里，可以反映出他们平时是如何看待你和对待你的。

这个想象游戏可以帮你从原始人层面，更清晰地看清自己心中的父亲形象与母亲形象是什么样的，了解他们对你的养育方式，以及这种方式是否与你的天性相匹配。

父母对你的影响方式和应对策略

父母不是完人，他们有各种各样的问题，这些问题深深影响着你。你努力尝试摆脱不良的影响，却往往举步维艰。其原因是：你没有真正看清楚，父母用何种方式影响着你。

"专制的父母"的控制方法是压服，"过度保护子女的父母"

何尝不是在控制，他们的把戏是"没有我，看你能做什么"，这容易看明白。"委屈的父母"所用的"看你把我害的"把戏，就不容易看清了。

天下父母内心都是为孩子好，但他们有自己的弱点，有自己的问题，总有好心办错事的时候，总会有意无意地用把戏来控制子女。我们也不必和父母作对，只需看清其影响手法，避免过多的不良影响，就可以获得心灵的独立自主了。一旦获得了独立自主，我们就可以平等地和他们交往。这种交往才更健康。

有时，你会分辨不出他们用的是什么把戏，此时你可以用意象法去发现。因为你的原始人是可以看出他们的把戏的。

我们先来看看一个绘画测验：

请你在一张纸上，画三只动物，两只年老的，一只年轻的。什么动物任你选。画得好看与否不重要。画好后，看着画，为这三只动物编一个故事。你要完全放松地去编。

分析一下你的故事，你会发现，故事就是你的家庭生活简化版。故事上的老动物用的花招，就是你父母所用的。

下面，我们来分析父母影响子女的几种常见方式。

挑剔型

面对挑剔的父母我们是很辛苦的。如果一回家就遇到无休止的挑剔和批评，你不愿回家是可以理解的，而且有时甚至是有益的，因为这可以使你避免受到来自父母的消极影响。面对挑剔的父母，你要注意下面所述的问题。

首先，防止被传染。

你也许很反感他们的挑剔、他们的求全责备和他们的批评指责。但是你也许会发现，尽管你对他们很不满，潜移默化之中你会染上他们的缺点。有时，你在与别人相处的过程中会挑剔、责备，从而引起别人对你的不满，恶化人际关系。

为了防止被传染，你应该保持警觉，特别要警觉的是"你应该"。在这三个字后，随之而来的往往是对别人的不合理要求（虽然貌似合理）。错误的认知是恶劣情绪的来源。在讲"你应该"的时候，你大多是在重复从挑剔的父母那里得到的错误认知。这些错误认知会给你带来恶劣情绪。

当你对同学、朋友说"你应该"时，你心中的"你应该"往往是"你应该按我说的去做"。这正是你父母对待你时的潜台词。同学、朋友对你的"你应该"自然不会满意。

当你发现自己的"你应该"或其他从挑剔的父母那里传染来的观念出现时，可以用认知重塑法来改造错误的观念或认知。

其次，防止完美主义。

挑剔的父母，其子女往往是完美主义者。也许你会问："完美难道不好吗？"

完美听起来很好。完美，至少是趋向完美，是人性的需要。

但是真正的完美和完美主义者的完美是不同的。完美主义者的完美是要求不犯一点儿错误，是假完美，这种完美是最害人的。真正的完美不是不犯错误，而是始终面对目标，不断修正错误。例如爱迪生在发明电灯的过程中，虽然经历了一次次的失败，但最终还是获得了成功。我们能因为爱迪生失败了很多次就说他的发明不完美吗？

完美主义者的完美导致的结果就是，让人因为怕犯错而变得什么都不敢做。完美主义是什么？就是在自己的脑子里，"移植"了一位挑剔的爸爸或妈妈，对自己的一言一行横加挑剔，说它们不完美。

如果你是完美主义者，当你责备自己事没做好时，听一听你头脑中的责备自己的声音，你会发现不仅用词，甚至连声调都和父母一样。实际上那就是他们的话，被你的大脑"录了音"，现在又播放出来。

此时你需要做的是，让自己被责备的原始人宣泄由此而生的不良情绪，具体方法为：

找一个无人打扰的地方，把一个枕头、一棵树或是其他东西想象成父母，对"他们"大声说出你的不满。

也许你会发现，你越说越激动，这是正常的，因为你的原始人积累了许多愤怒和不满，可能还有委屈、害怕的情绪，有横遭批评时不知所措的感觉，此时尽量不要克制自己，而要对"他们"大喊大叫，把情绪充分地宣泄出来。也许这个过程需要较长的时间，发泄完之后，你会感到疲倦，但这对你是有益的。如果一次发泄不够，可以再发泄一次。

冷漠型

有一个年轻人说，他在家里与父母没什么冲突。氛围看似和谐的，但是年轻人的感觉并不好，他说："我觉得我好像一个隐身人，没有人能看到我。"

他的父母很可能是冷漠型的，几乎不懂得爱和关心孩子。不错，他们尽了父母的养育义务，但也仅此而已。或许是几种原因使他们不爱孩子，比如他们更享受二人世界，更关注自己的事业，或者有典型的重男轻女思想，想要一个男孩却生了一个女孩，等等。

冷漠的父母会找出种种理由把冷漠说成爱。如果他们惩罚压制你，那就是"为了你好，为了教育你"；如果他们冷落你，是"为了让你独立自主"；如果他们时时把孩子带在身边，不管孩子当时是不是愿意，是"因为想时刻保护你"。于是，孩子困惑了。他的理智人虽然接受了父母的信息，"他们爱我"，他的原始人却断然否认 —— "他们才不爱我呢！他们只爱自己。"

缺少父母的爱，会使人内心产生什么问题呢？

如果缺少母爱，你可能会缺乏自信，羞怯，没有主见。男孩会努力去寻求这种爱。长大后，他们对待恋人如同小时候对待母亲一样，为了赢得冷漠女孩的芳心，会不惜折磨自己，赴汤蹈火。女孩则可能会模仿母亲，在爱情和亲情中成为像她一样冷漠的人。

总体讲，缺少母爱的人，要么拼命追求爱，不惜一味委屈或贬低自己，要么不去追求爱——"我不需要爱，我是坚强的。"

如果缺少父爱，男孩可能会效法父亲，成为一个冷漠的人，同时对母亲过度依赖；女孩可能会担心自己能否被人喜爱，长大后，她很容易爱上一个自私的男人，哪怕对方百般地凌虐她，让她忍受屈辱，她也甘之如饴。因为，她需要爱。还因为，那个自私的男人做的正是她自己想做而不敢做的事。

那么，我们究竟该怎么做才能走出爱的沙漠呢？

如果你的父母很冷漠，你可以用下面这种意象法来让自己获得爱的滋养。

🎮 想象游戏：哄哄童年的自己

想象你看到了童年的你，一副可怜巴巴的样子。设身处地地想想他的感受，了解他到底需要什么。想象现在的你正走过去安慰这个小孩，哄他、夸他、让他高兴，对他说："你是个好孩子，我爱你，我会帮助你学习怎么让自己越来越强壮和自信。"看一看，接下来会发生什么。

>>> **游戏解析：**

反复使用这种意象法，会满足你对爱的渴望，从而让你走出自卑，逐渐成为成熟自信的人。

委屈型

因学校床位紧张，本市的学生全部走读。新生小林家离学校较远，路上太浪费时间，后来他终于争取到一个床位。小林回家与母亲商量，母亲听后说："这会节约你的时间，是件好事。你去吧，我会尽力克制孤独寂寞，上年纪的人都得面对这样的现实。如果你有兄弟姐妹就好了。"小林听了这话，喜悦心情瞬间消失殆尽，出于内疚，只好放弃了床位。

这是一个心理不够健康的母亲。表面上很通情达理，实际上，她利用了一种"你把我害得多苦"的把戏来控制小林。她这番话的意思是："你节省了时间，却让我忍受孤独寂寞。我上了岁数，又没有其他子女。陪伴我是你的义务。你可以不尽义务，我也可以忍受痛苦，但要记住，你欠我的。"

通过这种话，母亲成功地让小林产生了内疚感，不得不服从她。

这类父母的子女，或是不得不违心地服从父母，告诉父母"这是我自愿的"；或是不服从父母，但心里满是内疚。不论进退，他们内心都是很煎熬的。而且一次反抗后，父母委屈痛苦的态度会让他们愧疚很久。下次再遇到这种情况，他们就会忍不住服从父母。

要想摆脱这种不健康的亲子关系，你首先要让自己明白，父母的行为是一种控制的把戏。其目的与其他父母所说的"你要听我的"如出一辙，只不过手法巧妙而已。这当然不是说他们有多么坏，也不是说他们绝对是故意这样做的，而是说你要知道，他们的这种沟通模式同样是控制你。这种隐秘的控制会让你更难反抗，因为他们会理所当然地认为"我什么都答应你了，是你自己放弃的"。

认识到这是父母的把戏后，你还应认识到，每个人都应该对自己负责，父母不应把他们自己的事当成你的责任，他们自己需要调节。他们的种种痛苦，大多是他们自己造成的，或者是外在环境造成的，往往与你无直接关系。

其实，即使你服从了父母"委屈"的要挟也不是真的帮了他们，而是强化了他们对自己不负责任的意识，以及把责任转嫁给你的倾向。

在日常生活中，每一次遇到类似情况你就应提醒自己："这是一种把戏。我没有责任为他们负责。我的服从只是在强化他们不为自己负责的意识，对他们无益。我只有坚持自己的主张，才能让他们感受到负责；能为自己负责，才能真正地幸福。"

你在行为上坚持自己的原则，并且这一原则是合理的，即便父母起初会继续表现"委屈"，久了之后，他们会适应并理解你的初衷，也就不再使用这种把戏了。那时，你们就会建立起新的关系，拥有更健康的爱。

如何让父母意识到你是大人了

年轻人在和父母相处时，还会遇到一个共通的问题——很多父母都有一个潜藏的愿望，希望自己的孩子不长大。就算孩子的身材长得比父母还高大，父母也希望在心理上他还是孩子，还要依赖或依恋父母。

这种愿望可以理解。因为曾经父母和子女之间的爱护和依恋关系使双方都得到过心理满足，父母自然希望它延续下去。但是，人都有成长的需要，如果总把子女当小孩对待，他们的心理会因此受到影响而难以成熟。

有些年轻人抱怨"父母总把我当小孩"，就反映了他们成长的愿望。每每听到这种抱怨时，我就对他们说："你知道为什么父母会把你当小孩吗？因为你没有告诉他们'我长大了'。"他们常常反驳我说："我告诉他们了，我告诉他们很多次'别把我当小孩'，可他们就是不听。"

这时，你可以想想自己是不是有这种情况：

嘴上大叫"我不是小孩"，行为却和以前没什么区别。比如，在家你的衣服还是扔给妈妈洗；床上乱七八糟；做什么事总要父母提醒；当父母给你挑选的衣服，你明明觉得不适合你，也不会像成年人一样清楚地表达，只会皱着眉喊："我不要穿这个。"

你如果做出的是类似上面的这些行为，不正是小孩的表现吗？就连大喊"我长大了"时的样子，也像几年前你还是个少年时喊话的样子，给父母的印象恰恰是：你还没有长大。

那么，怎样做才能让父母不把你当小孩？

很简单，就是让自己的行为真的像个大人。比如你要把自己的事安排得井井有条，不要再像过去那么依赖父母（当然，少许依赖还是可以有的）。你可以通过主动关心父母、体贴父母的方式来显示出你的成熟。你还需要坚持主见，不要像孩子耍赖似的喊"我就不，就不"，而是平和地对父母说"我觉得这不适合我"。

再次强调，采用平和态度坚持自己的意见。假如，你对某个异性有了好感，而父母不满意、横加干涉，你怎么处理可以反映你是否成熟。不成熟的人，只知道和父母吵嘴、怄气或者软弱服从。而成熟的人则不管父母持什么态度，都会保持冷静耐心，反复对父母说明自己如此选择的原因，以及对恋人的了解和看法。

让父母感受到你对自己的一切是心中有数、有能力负责的。这样他们才会意识到你已不再是孩子，已经成长为一个成熟的大人了。

他们为你的成熟而感到高兴、对你更放心时，自然也就不会过多地干涉你了。

为了让自己适应从孩子到成人的角色转换，你可以在面对家人时，不断提醒自己：我已长大了，我是大人。

另外，还要注意的是，在与父母互动的过程中，你需要顶住压力。因为任何人都不会轻易改变自己，父母也是这样的。他们也许会让你觉得，你的行为是在破坏你们之间的爱，是不对的。但是只要你知道你做的是对的，就要坚持下去。

可以肯定的一点是，顺利地解决与父母有关的冲突，会对你一生成长有助益。因为和父母有矛盾的人，同样会和爱人、领导、同事产生矛盾，后者往往是前者的翻版。

爱情有鲜花也有陷阱

处在恋爱季节里的人，似乎心中满是甜蜜，其实因爱受伤的人也很多。我仿佛看到青年男女们像冲锋的战士一样，在一片硝烟中往上冲，冒着枪林弹雨，跌跌撞撞却一往无前。在冲锋的过程中不知有多少人倒下了，心在流血，情感被扭曲。

有的人从此变得孤僻，有的人变得玩世不恭，有些人还没冲上去就受伤了——苦苦地陷于单相思之中，却一句话也不敢和对方说，饭吃不好觉睡不好，学习、生活都受到极大干扰。

我们总是喜欢问，怎样才能有魅力？其实很简单：懂爱的人最有魅力。

在爱情的道路上，有鲜花也有陷阱，我们要学会分辨。

爱情中的原始人会闭上眼睛

观察一下坠于情网中的人，我们似乎不得不承认那句话：

"爱情是盲目的。"

我们常常可以见到，一个女孩爱上了一个不该爱的人。人人都看出，那个男人对她并无真情，只是欺骗她、利用她。那个男人或是品行恶劣，或是懦弱无能，或是早已为人夫只不过想占点便宜，甚至有可能就是一个"PUA"（全称 Pick-up Artist，起初指一群受过系统化学习、实践来撩拨女性的男性，后用于形容那些使用各种技巧对女性进行骗财骗色行为的男人），但是当事的女孩却以"虽九死其犹未悔"的态度一往直前地投向他，不论是谁劝告，她都不会接受。家人朋友们的反对，似乎更激发了她向前冲的力量。

这个女孩并不笨，对发生在别人身上的事看得清清楚楚，但是对发生在自己身上的事一点儿也看不明白。就算对方用最拙劣的借口应付她，"我不能离婚"，或者一次次骗她，"我就爱你一个！"，她也不能识破他的欺骗。

当然，也有一些男孩用同样的态度爱着女孩。虽然别人都看出了他爱的女孩靠不住，欺骗他，耍弄他，有着种种缺点，而他仍旧坚信，这个女孩是最完美的。

为什么有些时候爱情会如此盲目呢？

这是因为恋爱时，我们的原始人会沉溺其中，形象的表达就是"闭上了眼睛"。闭上了眼睛的人自然是盲目的。当然，这里所谓的"闭上了眼睛"指的是闭上了心理世界的眼睛。

为什么原始人会闭上眼睛呢？因为闭上眼睛就可以幻想。在幻想中，恋人可以变得完美无缺，爱情可以变得无比动人。这种幻想的美好让原始人深陷其中无法自拔。

许多人自以为在恋爱，实际上不过是在幻想恋爱。他们把自己的幻想投射到恋人身上，于是恋人似乎戴上了一个光环，变得美丽无比；把幻想投入恋爱过程，于是恋爱也变得美好无比。但是这样的爱并不真实，他们爱的其实并不是自己的爱人，而是他们心目中的理想爱人而已。

在《飘》（又译作《乱世佳人》）中，女主角郝思嘉在经历了多年爱的痛苦后，才恍然大悟地说："原来他这个人实际是不存在的，除非在我自己想象里。我所爱的那件东西是我自己创造出来的，世界上并没有那种东西。我自己做起一套美丽的衣服，就对它爱起来了。当卫希礼骑着一匹马儿来——那时他还是很漂亮的，跟现在完全两样的——我就把我这套衣服给他穿上了，不管跟他合身不合身。而且我不愿意看他这人到底怎么样。我一直爱着我自己那套漂亮的衣服，我实际并不爱他。"

她的话代表了多数深陷迷爱中的人内心的真实状态。

检验你的爱情是幻想还是真实的，不能只看感情是否强烈，幻想中的爱情有时会十分强烈，势如洪水把人卷入其中；也不能只看你自己是否投入，因为人对幻想也可以做到十分投入，不顾生死。

较好的检验方法有两种。第一，看你是否了解他，尤其是能否发现他的不足。真正的爱是相互理解的，而幻想式的爱却不是这样。关于对方你并不了解，感到对方很神秘，而这种神秘更激发了你的情感，这时候你的爱可能只是种幻想。第二，分离时的反应。不论是真爱还是幻想的爱，在分离时都会加强。但是幻想的爱在分离时加强更为明显。你发现你最爱他总是在和他分离时，你发现在一起时间稍长，你就会感到厌倦，就说明你的爱情中有很多幻想成分。因为在分离时，幻想是最方便的，最不容易被现实打破，"我想他有多好，他就有多好"。

假如你发现你的爱是幻想式的，你也不必马上与对方分手，的确也有许多爱是从幻想开始，最终发展为真爱的。但是前提是，你让自己的原始人逐渐"睁开眼睛"，去掉幻想的滤镜去了解对方，发现对方。

如果你发现对方虽然不像幻想中的那样十全十美，但仍旧是个很好很适合你的人，一段真正的爱情也许就会由此开始。如果你发现他只不过是在欺骗你，而没有动真情，你的原始人也会开始帮你放手。

别把改造不懂爱的人当挑战

大家都听说过美女与野兽的故事吧，一个美女爱上了一只野兽。这只残暴、凶狠又冷漠的野兽被真爱唤醒变成了一位王子。

在日常生活中，我们也经常可以看到，美女投身给了一个野兽一样性情的人。在这些女孩的心里，也是抱着把野兽化为王子

你爱的其实是想象中的她。

的愿望，可惜的是，却很少看到哪只野兽真的变成王子。

为什么许多美女会爱野兽呢？因为她们相信野兽会变成王子。为什么她们不去寻找真正的王子——那些善良、热情的男子，而偏偏要改造野兽呢？其中一个主要原因是，她们的原始人想寻找挑战。正如男人们喜欢爬最高的山、过最深的河一样，她们的原始人喜欢在爱情中寻找挑战，需要在爱情中获取自己很有魅力的感觉。假如把最坏的男人改造成王子，这不正可以证明她们的魅力，她们的爱是多么不一般、充满故事性吗？

让一个懂爱的人爱上别人，很容易。让一个冷漠无情的人爱上别人，很难。多数人是重难而轻易的。容易得到的东西不珍惜，却喜欢追寻难得到的东西。

有这样一种说法："男人不坏，女人不爱。"吃透了女人的心理，有些野兽型的男人便刻意强调自己的"兽性"，故意表现冷漠、表现凶狠、表现邪恶、表现花心，然后，偶尔表现一下他们也想改变为王子，但是需要美女帮助。于是美女就急忙去帮助他们，却不知正好落入他们的圈套，成为他们的新猎物。这其实就是 PUA 们惯用的套路。

记得有句歌词是："曾经以为我会是你浪漫的爱情故事唯一不变的永远。"它道出了一片痴情。但是根据现实经验，这首歌中的男人的心，应该是很冷漠的，他应该只是在玩弄爱情，而表达的女孩却想改变他，把他变成懂得爱而又专一的情人。

不知有多少女孩曾经以为"自己会是他唯一不变的永远"？

我想问她们：凭什么你们会认为自己是对方唯一不变的永远？在瞬息万变的现实生活中，这注定是难以实现的。

针对这类美女改造野兽的爱情模式，我要提醒的是：江山易改，本性难移。尽管会有一些改造成功的例子，但条件是那只野兽自己也想改变，如果他不想改，你的努力几乎是无济于事。聪明的人不要入这个圈套，去寻找懂爱的人，而不要去当野兽们的救世主。

恋母情结让你很卑微

"女孩就是女孩"，这句话本不必说，但是在生活中，却有很多男孩不把女孩当女孩，没有给女孩应有的平等和尊重。他们要么把女孩抬得太高，把她们看成女神、看成公主；要么把女孩贬低，把她们当成奴隶，甚至是玩物。

弗洛伊德认为：这是因为男人或多或少受恋母情结影响，把一部分女人看成母亲的化身，像女神、公主一样完美，却又高不可攀。而且，内心认为这类女性是无比纯洁的，纯洁到了没有性欲，如同小孩心目中的母亲一样。他们尊敬这类女性，依恋她们，却不能和她们建立适当的爱情关系。

很多男孩面对女孩时极为羞怯，不敢交往，紧张害怕，他们在心中无比爱慕对方却不敢有所表示，往往正是因为他们把对方看作女神了。对她，他不敢有丝毫轻浮或冒犯，因为他认为她无比高贵，以至于自己这"须眉浊物"根本配不上她，更不应对她有性的渴求。他却忘记了，对方不过是普通女孩中的一个而已，并非完美，并非高不可攀，也并非没有性的渴求。

当然，即便受恋母情结的影响，这些男孩也有性欲。只不过，他们不敢对所爱的女神有性冲动，就只好把性欲转向别的女孩，那些不符合他们心中女神特质的女孩。他们不会把她们看作母亲的化身、女神，因此可以对她们有性欲。但是在内心，他们又不爱这些女孩，这不免让他们轻贱自己，同时也轻视这些女孩，在心中贬低她们，甚至把她们看作可以随意差遣的仆人。

换句话说，受恋母情结影响的男孩可以把情和爱分开，对自己爱的人，不能充分表达性，这会让他和对方不满足。而对不爱的人，他有可能产生猎艳的想法，希望弄到手，却不会对其付出真爱，会让对方受伤害。这种男孩难以和一个女孩建立一种真正的、灵肉合一的爱。

他们的人生任务其实很简单，就是摆脱恋母情结。

怎样才能摆脱恋母情结呢？具体做法是：

首先，审视自己的女性观，从中分辨哪些来自母亲的影响。

你可以试着写两个表，一个是母亲，一个是你爱的女性。试着写下这两个人各有哪些性格特点，然后加以比较。你母亲和你爱的女性性格相似点越多，证明你的恋母情结越重。

审视后，对自己进行认知作业，告诉自己：

"我选择女友时可能受到了恋母情结影响，我希望能消除这种影响。"

"我将不用母亲作标准来衡量女友。女友与母亲的不同之处，不一定是缺点，与母亲相同之处也是女友自己的特点。我不该把她作为母亲的化身去爱。"

"我的女友是有性欲的，这不是不纯洁，而是正常心理。我对女友有欲望也不是不纯洁，而是正常心理。"

"我的女友不是母亲的化身。"

另外，还要告诉自己：

"有恋母情结的男孩内心缺少独立意识，因此会依恋母亲，只有摆脱对母亲的过分依恋，才能在心理上断乳，成为成熟的男性。"

恋母情结会使男孩显得柔弱无主见，一旦消除了它，男孩将更有男性魅力。这类男孩在生活中，应该有意识地培养自己的自立自主，从而削弱恋母情结的影响，消除与女孩交往时的心理障碍和错误的性心理，最终建立良好的两性关系。

别让自己在失恋中受伤

失恋为什么痛苦

失恋，是年轻人最常见的，也是最危险的一种创伤，使其心灵受创久久不得平复，甚至会导致自杀或杀人的严重后果。

失恋是痛苦的，痛苦得会让人失去理智。也许你会说，这是再正常不过的，失恋当然痛苦，失去爱怎么能不痛苦？

实际没这么简单，失去爱当然会痛苦，但引起失恋痛苦还有其他原因：

（1）戒断反应

烟鬼、酒徒突然戒烟戒酒时，他们会很煎熬。原因是，他们的身体习惯了尼古丁或酒精的刺激，突然没有了这些东西，身体必然会一时难以适应。吸毒者更是如此，刚戒毒时，会痛苦得死去活来。这种情况被称为戒断反应。

刚失恋时，人也有戒断反应，这会让人很痛苦。有人说："我痛苦正可以证明我失去的是多么伟大的爱情。"遗憾的是，真相并非如此，所有的爱在失去的时候，戒断反应都会随之而来，这和吸烟者戒烟相似。

科学家发现，男女亲昵时，脑中内啡肽含量增加。内啡肽是种类似鸦片的化学物质，可以使人产生快感。失恋时，内啡肽含量突然变化，使人痛苦。如果失恋很突然，戒断反应会更强；如果失恋是在一段时间内形成的，戒断反应相对就弱。

假如你是个失恋者，相信你一定很痛苦。你要先想想这个恋人对你来说是不是好的。如果你发现，你的理智人和原始人都已知道他品性不好、不真诚，却又离不开他，想找他重修旧好；甚至他做了伤害你的事，你对他有怨恨，但离开时很痛苦，你要提醒自己这是戒断反应，要顶住。坚持顶住就是胜利，戒断

失恋时的感觉就像瘾君子没了烟，酒鬼断了酒。

期过后，痛苦感就会渐渐减轻。

（2）自信心受损伤

失恋让人痛苦还因为它挫伤人的自信心。一个异性不爱你，这很容易让你的自卑蔓延开来，认为自己不可爱、不优秀、不值得别人爱。

何况，当你质问"为什么你要离开我"时，对方往往找出许多理由来，说你这里不理想，那里有缺点，这更是对你自信心的沉重打击。

因此，失恋的人不仅失去了一个恋人，还失去了自信，失去了获得爱的信心。"我怀疑还有没有人会来爱我"，这是许多失恋者说过的话。

同样，失恋会使人愤怒，因为失恋者会认为对方贬低或愚弄了自己。这时，有些失恋者不是把愤怒发泄在伤害他的人身上，而是把火引向了自己，为此自责："一定是我不够好，所以他才离开我。"这种想法对自信心的挫伤极大。

失恋，往往会使受伤者很长时间不能去爱，因为受伤者的自信几乎崩塌，怀疑自己能否被爱，或是否有能力去爱。

因此，我们会看到一些失恋者出现回避异性的行为，或者虽然仍旧和异性交往，却不敢轻易地进入恋爱关系。在大龄未婚者中，有很多人是因为一次失败的恋爱而蹉跎了青春。

当然，还有些失恋者会"狂热"地恋爱，一个又一个地换情人。他们认为自己有了人生教训，懂得了不能太痴情的道理，在新的恋爱中绝不过多投入感情。表面上看，他们仿佛是自信的，但实际上，这也同样是不自信的表现。他们正是由于不自信，才需要通过不断征服异性来证实自己，虽然风流韵事很多，他们却不敢投入真情，同样是不敢去爱。

（3）情感的执着

大多数失恋者对感情很执着。"想要忘记你并不是件很容易的事"，这句歌词唱出来似乎很浪漫，但在生活中却是不可取的，会带来很多的煎熬和痛苦，影响正常的生活。

之所以执着于过去，是因为不相信会遇到新的爱，才会抓住旧爱不放。前面说过，我们的原始人只相信他体验过的事物。他体验过爱这个人，没有体验过爱别人，因此他不相信自己以后还会爱别人。他会对自己说："我再也不会爱任何人了。"如果有人说"天涯何处无芳草"，他是不同意的，因为他只知道这人是唯一。

对感情执着还因为有"未了"的事，对爱的期望突然被中断，心里念念不忘，或者真心的付出没有被珍惜。有个女孩爱上一个人，投入了大量的感情，而对方不过是逢场作戏而已。按道理说，当她发现了这一点就应该马上离开他，但是她说"种瓜怎么着也要结出一粒豆吧"。所以她继续努力付出，想得到"一粒豆"的真情回报。结果可想而知，她种下的是瓜怎么可能得到豆呢？

这种执着颇似赌徒的执着。输了不服，不肯离场，妄想投入更多的钱以求翻本，结果往往输得更惨。"之前付出了这么多，总要给自己一个交代吧！"这种心理，往往最害人。

越是在恋爱中投入多、实际得到很少的人，越是不愿放弃，会越执着。所以我们经常看到，越是那些玩弄感情、对别人不放在心上的人，越容易被人执着地爱。

（4）认知的执着

与情感的执着伴生的，是认知执着。一个女人或男人被骗被利用又被抛弃后，仍旧无怨无悔地爱对方，甚至坚信对方是爱自己的，是善良和有苦衷的。这是为什么呢？

有这样一种现象：如果你骗了对方少许钱，对方一旦发现就会把你抓住，会想办法惩罚你；如果你骗了对方一大笔钱，多到对方难以承受的程度，对方反而不会说你是骗子，甚至可能找理由来替你掩饰。掩饰不住的另当别论。

这是因为被骗者多数不愿面对"自己被骗惨了"的事实，这关乎他的自尊需要。因此，很多时候人们宁愿继续自欺欺人下去，也不愿意承认自己被骗了。

如何走出失恋

假如不幸失恋，你可以通过宣泄情绪来减轻痛苦，让伤口尽快愈合，以便有能力在未来得到新的爱。

一个男孩失恋时似乎十分冷静，他平静地接受了对方的回绝，然后平静地分手继续自己的生活。但是过了一段时间后，他开始胃痛、头痛、烦躁失眠，却找不出任何原因。

如果这个男孩当初恋爱时不是那么的投入，他的冷静还可以理解，相反，他当时爱得很投入，为什么被分手了，他却那么冷静呢？原来是他努力克制自己，压抑了情绪。他的理智人想让原始人想得开，原始人也自以为想开了，以为已经把这件事忘掉，但是实际上，他并非没有不良情绪，只不过不良情绪被表面的冷静掩盖住了。但是被压抑的情绪永不会自行消失，总有一天会爆发。这个男孩后来无端的胃痛、头痛、烦躁失眠，都是当时被压抑的情绪未能释放出来在后来造成的躯体表现。

俗语说，"雪里埋不住死孩子"，不良情绪就是死孩子，表面上的冷静就是雪。当哭而不哭，需要发怒而不怒，需要发泄而压抑时，情绪就会产生郁结，总有爆发的一天。因此，失恋后的第一件事是宣泄。所谓宣泄，就是让自己接受并表达出原始人的真实情绪：如果悲伤，就请放声痛哭，不要怕失态；如果愤怒，就要释放出来，而不要装得若无其事；如果不甘心，就要大声地喊出"我不甘心"。

不良情绪一旦得到宣泄，就不至于堆积成灾。心情才能真正平静下来。

想象游戏帮你确认爱情

三点式分析法

当你对一个人又爱又恨、又讨厌又离不开、竭力想爱却怎么也爱不起来、想忘却如何也忘不掉时，说明你陷入感情的内心冲突，这种冲突相对复杂一些。

婚恋中的冲突不仅是在理智人、原始人之间产生的，还会有性的成分，因为性爱在婚恋关系中起着至关重要的作用。

三点式分析法想象游戏，可以帮你看清你的理智人、原始人以及性，这三个角度的自我对伴侣的态度。如此你就可以知道：他们中，爱对方的是谁，讨厌对方的是谁，当前是谁和谁在发生矛盾。

为了便于生动地想象，可以用头部来代表理智人，用心的位置来代表原始人，用性器官的位置来代表性。

想象游戏：三点式分析法

想象在你的头部、心和性器官的位置分别有一个小人，这三个小人分别对你的伴侣说了一句话。

听听他们分别说了什么？

随后，这三个小人又针对你和伴侣的关系，对你悄悄地说了一句话，听听他们分别说了什么？

扫一扫
体验"三点式分析法"想象游戏

>>> **游戏解析：**

头部位置的小人代表着理智人，他说的话属于理智人的表达。他会以现实的态度来看待婚恋关系。对方的社会地位、经济地位等等，当然，他也不仅仅会为现实而算计，也有自己的情感，他喜欢的是那些和自己"观点一致""谈得来"的人，更喜欢伴侣和自己在智力上相互匹配，比如许多知识分子夫妻就是因此而结合的。

心的位置的小人重视情感，他说的话属于原始人的表达。这个小人不大重视现实条件，它重视的是情感的种种需要。凡种种喜怒哀乐、忧伤痛苦，甚至甜蜜幸福，都可以发生在这个层面。

而性器官位置的小人重视的是性爱关系，是社会性最少，最具有生物性的一部分。他与异性的美好感受，是基于自己充分的性爱快乐的。

一个人为"是不是该和对方结婚"或"是不是该和对方离婚"这类问题而产生内心冲突时，一定是三个点中有联结点也有排斥点。比如理智上认为对方不合适，情感上却恋恋不舍。当头、心、性这三个部分的小人在讨论时，你会发现他们的价值观是多么不同。

一个女孩曾滔滔不绝地用了一小时时间，在咨询室中讲述她为什么想分手，"他一点也不懂关心人，很冷漠，他的价值观与我差异很大……"，但她的"心"说话时，只讲了一句："我不敢离开他，离开他我会难过。"而"性"也只说了一句话："我觉

小人们来次"三方会谈"，确认爱情就容易多了。

得挺开心的。"结果是，这个女孩最终没有离开她的男友。

你困惑不解，不知道对方对自己是爱是恨是冷漠，或是不知道自己是该安静地离开还是要勇敢留下来时，都可以让自己做做这个想象游戏，让你的头部、心和性器官位置的三个小人来开次"三方会谈"。

发现问题出在哪里后，接下来就可以对症下药：

如果是理智层面的问题，可以用认知法进行调整；如果是原始人的问题，可以用意象法来调节；如果是性的问题，则可以尝试调整一下性生活状态。这样，那些"剪不断，理还乱"的内心冲突，就可以理出头绪来了。

爱情关系

在爱情关系中的双方，能否满足彼此的需求是很重要的。

你需要让自己关注对方的需要，可以经常问问自己：对方想要什么、对什么感兴趣？然后去做一些能满足对方需要的事。假如对方是个火花[3]收藏者，在他生日时送他一套他没有的火花，就比送一个蛋糕更能满足对方的需求。即使蛋糕更贵，但是他更喜欢火花。对你来说也是一样，对方如果能满足你真正的需求，你也会很快乐。

下面这个想象游戏可以帮你看看，在你们的关系中，双方的

---

3 火花：火柴盒上贴的画片（作为收藏品时的称呼）。

需求是否已得到很好地满足。[4]

🎮 想象游戏：看动物

如果你有另一半，想象你的另一半站在你的对面。

如果没有，想象你的异性父母站在你的对面。

在想象中，对方会慢慢地变小、变小……一直小到可以停留在你的手心。

然后，请你把对方放在你的手心，体会一下，对方在你的手心会是什么样的感觉。

如果这个时候，对方慢慢地变成一只动物，看看是什么样的动物。

你会喂给对方吃什么东西呢？对方会喜欢吗？

如果你也会变成一只动物，看看你是什么动物。

最后，如果你把对方放在你身体的一个位置，看一看你会把他放在哪里？

对方的感觉是怎样的？

如果他会跟你说一句话，听一听他会对你说什么。

现在反过来，想象你站在你的另一半或者是异性父母的对面。

在想象中，你也会慢慢变小……一直小到可以停留在对方

---

4 注明：选自何明华老师两性关系工作坊

的手心。

体会一下，你在对方手心是什么样的感觉。

如果这时候你变成了一只动物，看看是什么动物。

对方会喂给你吃什么东西呢？你会喜欢吗？

如果对方也会变成一只动物，看看对方变成了什么。

最后，对方把你放在他身上的一个位置，看看他会把你放在哪里？

你的感觉怎样呢？如果你也会对他说一句话，你会说什么。

扫一扫
体验"看动物"想象游戏

通过这个游戏，可以探索关系中双方对彼此的照顾是否满足对方的需求。

首先，想象中的另一半就是自己内心的伴侣形象。另一半变成的动物可以通过前文提到的动物意象来理解。

想象中，"对方会慢慢变小，停留在你手心"，以及之后你照顾对方的方式，代表着对方变得弱小、脆弱的时候，你会用什么样的方式照顾对方。

当对方喜欢你给予的食物、在你的身上觉得舒服时，代表你提供的照顾方式是对方喜欢的。如果对方不喜欢，就意味着你的给予和对方的需求存在冲突。此时，你就需要看看对方的感受是什么，如果可以，在想象中问一问对方需要的是什么，以及思考你给对方提供的食物对你而言代表着什么。

例如，一个女孩在想象中看到男友的动物形象是小乌龟，她用营养液喂养小乌龟，小乌龟不喜欢。女孩提到，喂小乌龟营养液是希望男友可以汲取她认为有营养的信息，比如看电影要选择看她认为更显高级感的漫威系列而不是青春文艺片。此外，这个女孩希望男友是只"会飞的小乌龟"，希望通过营养液增加其飞行属性，让小乌龟更"高大上"一些，但是小乌龟并不喜欢。

通过这个游戏，女孩意识到了自己对男友的不接纳，随后她慢慢调整了自己不恰当的方式，用男友喜欢的方式对待他，他们的关系也随之变得更好了。

拥有更多好友的秘诀

千里难寻是朋友，接下来介绍几种交友的规律，也许可以让你拥有更多真心朋友。

让自己和别人都快乐，才是善良

不仅自己快乐，也让别人快乐，这就是善良。

为什么这么说呢？因为人的情绪是可以相互感染的。快乐是可以传递的，你快乐，别人看到你快乐也会更容易快乐。你帮助别人获得快乐，这难道不是一种善良吗？

愁苦有时是罪恶。如果你一副愁苦的样子，也许会惹得别人跟着一起愁苦，从某种角度讲，这也许是害人。

你或许会说，有人幸运，有人不幸，是很正常的事，难道不幸的人还不允许愁苦吗？还要加上"罪恶"之名吗？当然不是，如果因为遇上不幸而愁苦不是罪恶，但是有的愁苦者，他们的不幸是自己造成的。尤其是一些年轻、缺乏生活阅历的人，遇到的挫折本不是不可战胜的，可他们因为自己的原因而日日愁苦不堪，却从不去思考解决的办法，就有"可恶"之处了。因为在他们心中，或者说他们的原始人，实际是以愁苦为手段，达到胁迫别人听从他们的目的。

假如你看到一位生活并不困苦的老太太，一天到晚和别人抱怨自己的儿女不孝，抱怨身边人苛责待她，抱怨自己的身体不好，你会相信她是个极有爱心和善良的老太太吗？不会的。她很可能是用所谓的"愁苦"作武器来攻击自己的儿女和身边人，以博取同情。

之前热播的电视剧《欢乐颂》中，有一个女主角叫樊胜美。她家境贫寒，父母重男轻女。她的工作能力很强，但工作后一直被父母逼着为哥哥惹出的祸事，比如赌博欠债等来承担后果，为此她倾尽了自己所有的积蓄甚至负债累累。

作为一个 30 岁的女人，没有一分钱存款，哥哥结婚的房子首付是她出的，还贷也是她，连生孩子的钱都是她出的，这是对她的家庭角色很好的诠释。

从这个角度看，她的遭遇确实令人同情，但如果换个角度看，她的内心是不够健康的。成年后的她，本可以拒绝父母、兄长这些不合理的要求，拒绝以牺牲自己的方式去填补家庭的无底洞，但她自己并没有拒绝，而是接受了，然后用愁苦的方式告诉身边的朋友、男友：看，这都是他们把我害的。她甚至还把自己的压力转移到深爱自己的男友身上，希望男友陪她一起填补家庭的无底洞。

这其实已经是不善良了。她牺牲了自己，不仅无法真正解决家庭的问题，还为父母、兄长的寄生状态提供了温床。而男友不仅被迫卷入她的家庭麻烦中，还因为承载了她的期待，满足她的经济需求而压力重大。

显然她为朋友们带来的麻烦多于帮助，且很多麻烦是不必要的。她一副可怜兮兮的样子，使得大家对其不忍苛责，但细究起来，于可怜之中着实还有几分可气，人们才会"怒其不争"。

以愁苦之态来博取同情和关心，是人们常出现的无意识习惯。究其来源，当人在婴儿时，一哭就会有人关心：饿了哭有人喂奶，热了哭有人换衣服，愁苦时自有父母来帮助。这是婴儿最擅长的解决问题方式。

但是我们要知道，一个人长大后，只有自己才能为自己负责，不能再依赖别人。无论是家人还是朋友，他们都没有责任和义务来安慰和帮你消解愁苦。放纵自己沉溺于不良情绪中是无益的，你会始终无法成长。

面对这种情况，我们具体该怎么做呢？

我们可以时常和自己的原始人互动，对他说："我不要愁苦，也不要忧郁，我不愿以此勒索别人的关心，我要为自己负责。"

当你不断把自己的态度传达给原始人时，他会接收到你的决心，从而帮你来实现。

这样你就可以减少愁苦，增加快乐，而快乐的你自然会吸引到更多朋友。

"意译法"是安慰别人的准确方式

每个人一生中都会有劝慰别人的机会。朋友越多，对你越信任，你劝慰他们的机会也就越多。而你越善于劝慰别人，朋友就会越多，也会获得更多的信任。想要多交朋友，你需要懂得一些劝慰别人的方法。

首先需要明确的是，你在劝慰别人时，实际上劝慰的对象是对方的原始人而非理智人。原始人需要的是理解，理智人需要的则是出主意。

许多人以为，朋友找我就是让我出主意来的，这其实是一种错误的认识。实际上，几乎没有哪个朋友真的需要别人出主意，他们需要的不过是别人的理解。因为说到出主意，谁也不会像当事人自己一样了解自己，了解自己的处境，了解自己的心思，只有他自己才能做出最佳决定。

"我结婚后没一天快乐过，我丈夫完全是个骗子。恋爱时什么都听我的，什么活都干。结婚后，什么都不干，什么都和我吵，还打我。我爸妈本来就不喜欢他，我要是离婚，他们一定不反对。"

听到这位抱怨婚姻的朋友在婚后这么不幸福，你也许认为

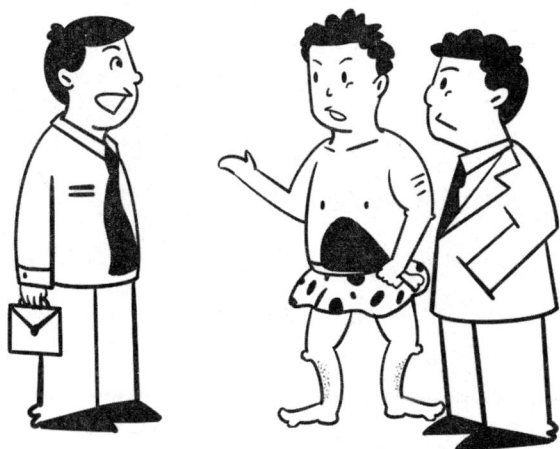

你在劝慰别人时，实际上劝慰的是对方的原始人。

她应该离婚，直接劝她"那你离了算了"。而她可能有什么反应呢？多数情况下会认为"你怎么这样，劝人家离婚"。

你劝她"凑合过吧，不要离"。而她会认为，"你不理解我的烦恼"。这说明你在用自己的理智人与她的原始人互动，是起不到劝慰效果的。

此时，需要被劝慰的是她的原始人，我们需要理解她的情绪与感受。

这里有个小秘诀和你分享——最能准确表达对方情感的话，就是对方自己说出的话。你如果用你的话重复她的意思，并且准确地表达出她自己的情感，她的原始人就知道自己被理解了，这种理解才是对她最好的安慰。

这种不劝而劝的方法叫"意译法"，不论是朋友倾诉失恋的痛苦，还是请你帮他决定是否离婚，或是谈到工作、生活中的挫折和烦恼，你只需做一件事，即不断地用你自己的话把对方所说的内容重复出来。也就是说，仅把他诉说的意思用你自己的话再说一次，而不要劝告他做任何事，不出任何主意。

这就是最好的劝导和安慰，运用得好，它的效果极为神奇。

比如面对这位抱怨婚姻的朋友，用意译法可以这么说："你对丈夫不满意，觉得你不顾父母反对嫁了他，他应该对你更好才对。"听了这番话她将会把你当知音，因为你理解了她的心情。在被你理解的气氛中，她才会畅所欲言，渐渐地，她自己就会找出问题所在和解决方法。

她说："说到底他不可能总像恋爱时那样宠我惯我，大家上班都挺累，家务活我也该干点儿。"这时你用意译法可以强化她的这一观点："你懂得结婚后双方要相互体贴，也知道光埋怨没用，还是需要自己先做些对婚姻有益的事才好。"

需要特别说明一下：感情的事是很难说清对错的，如果朋友真的想采取极端行为，你用反驳的方法也是难以改变他的。

一个失恋的少女痛不欲生地想自杀时，如果你对她说："天涯何处无芳草，你可以找到比他好得多的人。"这个失恋者会接受你的意见吗？显然不会，在她的心中，此时此刻失去了对方，活着的确毫无价值。从冷静的旁观者看来，她这么想是错的，而沉浸在这种情绪中的她却认为，这绝对是事实。

所以，如果你劝她不要在意，告诉她失去的恋人不值得惋惜，只会使她感到你在否定她的情感，使她这样理解你的意思：照你看来，我很傻，我根本不应该伤心。她并不会就此从伤心中解脱出来。

所以你不妨依然使用不劝而劝的意译法："这事确实令人很伤心，在你此时此刻的心目中，他是世界上唯一的，所以失去了他，你有一种活不下去的感觉。一下子失去爱，怎么可能不伤心呢？"

这样说，实际上表达出了两种意思：一是她此时此刻如此伤心是合理的，二是说她现在有不想活的念头也是自然的，但是，这只是一种"活不下去的感觉"，并不是真的活不下去了。不必去讲什么不该自杀的道理，只要你能帮她把情绪平静下来，她自然不会去自杀。相反，就算你用一百条理由证明她不应该自杀，如果她情绪恶劣，她一样会不听你那一百条理由的。

理解是劝慰别人最好的良方。有人之所以会厌世轻生，主要还是绝望了——这世上没人能理解自己的痛苦，活着还有什么意思。而当你对一个痛不欲生的朋友准确表达出"我理解你"时，就会给他的心灵带来极大的安慰。

当然，我们其实很少会遇到要自杀的朋友，举这个例子只是想说明，如果我们对连想自杀的朋友都可以用意译法来劝导的话，那这种方法的确很棒。

"忍"是友情的破坏剂

我们的传统文化提倡忍让。多数人认为人际冲突是难免的，只有相互忍让才能相安无事，甚至认为懂得忍让的人才能宽容别人。能否忍让被用来衡量人的意志，能忍让的人会被认为是强者。我们在街头字画摊上、各种摆件挂件售卖店里，常常可以看到带有"忍"字的工艺品和条幅。由此可以想象，有多少人会把一个"忍"字挂在家里，有多少人在心里挂着一个"忍"字。

然而，"忍"是对人有害的。"心"字头上一把刀，这是古人们对"忍"字的形象注解。这把刀是会戳伤我们的心灵的。

忍，会使原始人的情绪得不到宣泄。因为，大量消极情绪（主要是愤怒）会郁结于心。人们误以为时间久了这种情绪会渐渐消失，实际上并不是这样。前文讲过，未宣泄的情绪会埋在心里，历时几年几十年也未必能自行消失。这些郁结的情绪会严重损害人的身心健康。

长期的忍，会使一些人的性格变得越来越懦弱，于是忍让变成了他们习惯性的屈服退让。这些人会被人欺负，变得不能捍卫自己。

长期的忍，会使一些人变得冷漠。与其说他们喜怒不形于色，不如说他们的原始人已失去了本该具有的情绪感受。这种人会丧失享受生活的能力，就算在名利上获得成功，也已无快乐可言。

长期的忍，会使一些人变得暴躁。他们心里有个火药库，火药越积越多，于是一个小小的触发，就会引起他们的大怒。

长期的忍，还会使人变得冷酷。"残""忍"两字是相连的，残酷的人往往是能忍的人，因为他们在长久的压抑忍耐中，已让自己的情感变得淡漠。他们做出残酷行为时，不会有同情和怜悯心，而是会变得冷酷无情。

因此，请千万不要忍。

那么，我们是否应该从心所欲，想打人就打，想骂人就骂呢？也不是。

我们可以用更合理的手段宣泄情绪。比如当某人说的话冒犯或触怒你时，你需要在当时向对方指出。

这是因为，如果某人说的话触犯了你，你当时忍下，但是在第二天，你也许会找碴儿加以报复。这样做，起不到警戒对方的目的。因为当时你没说什么，对方会认为你不在乎那些话。第二天你找碴儿报复，对方不知道你为什么要找碴儿，不会把这件事和前一天的事联系起来看，只能归结为你自己的喜怒无常。

因此，你应该在当时向对方加以警戒。比如可以凛然正色地告诉他："听到你这样说我很愤怒，我认为你这是一种挑衅！"或者类似的话。不需骂人，骂人会显得你脆弱。你要以坚决的神态、严肃的口气告诉他，他错了。如果他的行为很过分，你可以要求他道歉。这样做的目的是，你不至于因此而心里窝火。同时也是请他了解，你不是可以随便欺负的人。

有些人认为，这样做会伤和气，这也是一种误解。实际上，一个处处忍的人会被当成弱者，一个当时忍了以后又报复的人会被看成小人，而一个敢于捍卫自己权益、有理有据有节地反抗别人的人，反而会受到尊重。有句俗语讲"不打不成交"，当人际冲突处理好了，反而可以成为人际交往的催化剂。

"一报还一报"原则让你顺利交友

如何与人相处一直是个很难解答的问题。按照传统的道德规范，我们应当做好人，永远对人真诚、善良，乐于帮助别人。如果人人都遵守这种道德规范，那固然很好。

但是如果我对别人真诚，别人却欺骗我；我帮助别人，别人却算计我，我该怎么办呢？以德报怨，争取感化对方，固然是一种办法，但是如果对方把我的忍让看作软弱，得寸进尺，我又该怎么办呢？

有些人看到了做好人的不利之处，干脆决定做恶人，或花言巧语欺骗别人，或恃强欺压别人。

我们姑且不从道义上指责这些恶人，仅从利害上分析，做恶人也不是正确选择。因为你骗了别人，早晚会被别人发现；你压迫别人，别人往往会报复；恶人可以一时得意，但从长远看来终会遭报应 —— 就算恶人才干极高，但由于四面树敌，生活也不会心安。

那么，怎样做才能在交友上顺利呢？

美国心理学家做了一个别出心裁的实验。他们运用计算机设计了一个小小的社会模型，里边有一贯对人好的好人，有一贯对人坏的恶人，也有时好时恶的人。如果一个人帮助别人，他失分，被帮助者得分；如果一个人害人，他得分，被害者失分。这里的分数代表着利益。当然，如果一个人助人得到报答，他也得分。如果一个人做坏事被报复，他也失分。由计算机模拟并计算，在这个社会生活一段时间后，谁最后的得分最高？

实验的结果是，一贯好的好人和一贯坏的恶人得分都不高，得分最高的是这种人：他平时总是待人以善，但是如果有人伤害了他，他就进行报复。如果那个人不再伤害他，他就停止报复。如果那个人继续伤害他，他就继续报复。报复的原则就是"被伤害一次，报复一次"。

这种与人相处的原则蕴含着深刻的道理：不主动伤人，从而也不会招来报复，在别人伤害自己时，则奋起反击。这既可以捍卫自己的尊严，又可以阻止对方的进一步攻击，还夺回了原属自己的利益。对对方来说，这也是好事，让他知道了害人者必会害己。这种做人原则也是公正的，对一次伤害只反击一次，反击成功后对对方仍以诚相待。这样，双方也不会变成永久的仇敌。

"一报还一报"的人，表面上看似乎不如一贯对人好的人善良，而实际上他的善却是更大的善、更智慧的善。

想象游戏让你看清如何应对友情冲突

在人际关系中，如何表达自己的不满或攻击性情绪（如愤怒）是非常重要的。建设性的表达可以维护自己的边界，守护住独特的自我；非建设性的表达容易让别人误解自己的意思，破坏人与人之间的关系。

"挑武器"的想象游戏，可以帮助我们了解自己在人际冲突情境下的应对方式，以及不恰当的应对方式，从而更好地释放相应的不良情绪，解决人际沟通问题。

🎮 想象游戏：挑武器

想象在你面前有一个很大的武器库。

看看它是什么样子的？如果愿意的话，可以用你喜欢的方式进去看看。

然后从这个武器库里面任意选一件你喜欢的武器带出来。

因为只是想象，所以你可以把任何一件武器带出武器库，然后放到一个让你感觉安全的地方。

扫一扫
体验"挑武器"想象游戏

>>> **游戏解析：**

冷兵器类。 这些是不带有火药、炸药或其他燃烧物的，可以在战斗中直接杀伤敌人，比如刀、剑、匕首等等。挑这类武器的人，性格更为坦诚、直爽、直接，而木制类的又比金属材质的更加朴实、单纯。选择冷兵器类的人在人际冲突情境中，敢于直接面对，甚至针锋相对。没有爆炸物，使用时需要较近距离的直接接触，因此，他们对愤怒的压抑会低一些，伤及无辜的可能性也低一些。

选择剑的人，常有"侠士"风范，喜欢维护公正和道义，会有一种"义愤"感。

选择刀的人，常有西北汉子的憨直与坦荡，但灵活度较弱。

选择匕首的人，因为匕首更具隐蔽性，易携带，不易被发现，但在近距离内，攻击的随意性大，力道又猛，可刺中要害，比剑更狠，因而要学会处理亲密关系中的问题，否则容易伤到家人。

火器类。这些是用火力杀伤人或用火力发射的武器，如枪、炮、火箭筒、手榴弹、核武器等。这类武器比冷兵器更具理性，也更具杀伤力，破坏范围广。

枪炮类的武器，装的弹药数量越多，代表愤怒积压得越多，也意味着破坏现实人际关系的可能性越大。

手枪是近距离射击，代表着容易伤害亲近关系，也容易受到亲近关系的伤害。

狙击枪的特点是精准度和毙命性非常高，表示善于在隐蔽处等待，具有像狼一样的攻击性。

机关枪的特点是多发子弹连射，不仅代表愤怒情绪较为强烈，而且容易生气，还意味着发起脾气来不管不顾，"突突突"地横扫一片，易伤及无辜。

核武器的能量巨大、极具破坏性、波及范围甚广，这说明挑选该武器的人存在过度压抑的情况，但是一旦爆发，就犹如火山喷涌，不可收拾，具有很大的潜在危险性。

另外，你可能会看到非常个性化的武器，它们变化莫测，譬如，高科技武器，有毒的莲花型胸针、蜜蜂，见血封喉的树汁……动物、植物、矿物、人体、人造物等一应俱全。此时只要你关注武器的使用情境和具体功能，就能了解它们所代表的意思。

例如，有毒的莲花型胸针：毒代表强烈的消极感受，莲花与母性或女性有关，胸针有针，带有刺伤性，创伤口不大、针口不深，却因为有毒而致命。胸针别在胸前，兼具掩饰性和展示性，同时流露出重视情感的心迹。

需要注意的是，与古代冷兵器和现代武器相比，你挑选的武器越是造型怪异、千变万化，代表你内心的恐惧感和弱小感程度就越强烈。

职场中捏住未来

每个人都有离开校园，进入社会和职场的一天。你需要更多地思考自己的未来，需要掌握更多的处世技巧，需要和更多的人，包括同事、领导、合作伙伴建立关系。如何处理这些复杂的人和事，并在新的关系中尽量减少冲突，是你需要了解的。

做原始人喜欢的事才易成功

"什么是成功？名利是否就代表成功？"这是很多人步入职场后都会面对和关心的问题。这会直接影响你对工作的态度和人际关系。

一种普遍的观点是获得名望、地位、金钱，在竞争中胜过别人是成功。这种观点多数源于自卑感，其实是不可取的。

有些人反对追名逐利，说应该淡泊名利，甘于平凡。他们把这说成是"佛系"。这其实也是不敢正视生活的弱者态度，也不可取。

谁说名利不是好东西，谁就是在说谎，因为人们都需要名利。谁都需要金钱，求财并没有错。即便是提出"清静无为"观点的道家也不反对人求名求利，只是说"名与身孰亲？身与货孰多？"，但是如果为了财富和地位把自己弄得胃溃疡、高血压或终日焦虑不安，就是愚蠢的行为。

所以，真正的成功是可以获得名利地位的，这只不过是附带效果，许多成功者本不是为了追逐它们而拼命的。

真正的成功是：做自己最喜欢做的事，尽量把事情做好，而且真的做好了。在这个过程中，外在的功名反而是第二位的。

实现这种状态的方式，可以借鉴老子的一句话："无为而无不为。"无为的意思是不强求，而不是无所作为。真正的成功恰恰是，不以追求最终的成功为唯一目的，而是享受其中的过程。

以钱钟书先生做例子。钱老年幼时酷爱读书。据他的夫人杨绛记述，钱老那时每天随伯父到茶馆，在那里一直看书，直到伯父叫他回家，回家后便手舞足蹈向两个弟弟演说他刚看的小说。上中学后，他借了大批的《小说世界》《红玫瑰》《紫罗兰》等刊物阅读，到了牛津大学后，每天读一本侦探小说来"休养脑筋"。

钱老读书算不算勤奋？说不勤奋，很多苦读的中文系学生都没有他读的书多；说勤奋，难道看小说也叫勤奋？

钱老在儿童时代并没有立志当文学家，中学时读书也不做笔记，大学时读书更不曾研究过"小说创作"，可见他读书不过是因为感兴趣，并不是为了写小说。正是因为有兴趣，读书时才会格外投入而专注，这些书的内容才能深深地印入他的脑中，无形中帮助他进行创作。

假如 A，从小立志当文学家，每天什么都不做，就是刻苦攻读各种与文学名著相关的教科书，记笔记，研究写作理论，钻研写作方法，长大了他会怎么样呢？十有八九，他写的东西会让人觉得枯燥乏味、空洞无趣，无法成为一流文学家。这就是因为他太刻意地去做一件事，反而失去了自己心中的趣味和热情。

如果说，钱老的成功方式是无为，A 的行为方式就是有为。以此看来，无为的人更容易成功。钱老无意于成名成家，结果却成名成家了。这就叫作"无以其私乎，故能成其私"。

最关键的是，要让成功的过程充满快乐。

如果我们像牛马一样苦干去博取成功，在获得成功之前的日子里，我们就是在当奴隶，当成功的奴隶。

而无为的成功者时时是在做自由的自己。很多伟人都是这样成功的，爱迪生为研制一个新产品，动不动就试验上千次。在一般人想来，何等刻苦！而实际上爱迪生并不觉得苦，他有兴趣，乐在其中。陈景润为攻克"哥德巴赫猜想"，殚精竭虑、没日没夜地工作，仅算草纸就装了几麻袋，何等艰辛，但他也没觉得苦，而是让自己遨游在数学王国里，沉醉于其中。他们就像是棋迷在下棋一样——难道棋迷会为下棋而叫苦吗？

从心理机制上讲，一般人所谓的追求成功，是人格上层的活动，即理智人的活动。理智人懂得"未来"是什么意思，"名利"指的是什么。但是如果是理智人想做的事，而原始人不喜欢，这个人就会感到很吃力。原始人本来就像是个孩子，他不懂什么未来，甚至也不大懂金钱，他只愿干自己喜欢的事，所以如果理智人让他干他不爱干的事，他就会怠工反抗。

为什么有些人在追求成功时总感觉格外辛苦劳累，就是因为他的原始人在怠工或反抗。而无为的成功者，恰恰选择的都是自己的原始人感兴趣的事，当原始人用玩的心态去做事时，一定是兴致勃勃，不知道什么叫苦和累的。

所以，那些让你的原始人兴致勃勃去做的事，是你应该选的事业。选择了这样的事，你才能克服困难坚持下去，也必能成功。

意象法让你面试更自信

今天的社会为大家提供了较为宽泛的择业、就业环境，而如何做好应聘面试的准备，已成为大家走出校门后所遇到的第一门必修课。

在面试中，招聘者与应试者面对面地交流，应试者的形象与

原始人怠工或反抗，我们才会感觉特别辛苦劳累。

举止全面地展现在招聘者面前，招聘者根据自己获得的印象进行抉择，在应试者中决定取舍。心理学研究表明，直观的信息对人的影响要远大于非直观的信息。面试，是求职者给招聘者直观信息的一个重要时刻。如果面试给招聘者留下的印象不好，挽回是比较困难的。

面试对即时反应要求较高。写求职信，你可以反复修改，但是面试时，你不大容易矫正你的举止，做错了、说错了也不可能"用橡皮擦掉"。这也给应试者提出了一个较高的要求，那就是最好能不说错、不做错。

我们都知道面试的重要，也就会更多地关心如何应试。比如，穿着打扮要恰当，不要衣冠不整，不要浓妆艳抹；谈吐要有条理；态度亲和，要有礼貌，要不卑不亢；等等。但在实际面试中，我们却常常做不到明知道该做的事情。比如知道谈吐应该有条理，在现场却讲得前言不搭后语；知道不卑不亢，而实际上却显得过分地自信自大，或者是过分地矜持自卑。

知道该如何做是一回事，能不能做到又是一回事。一个人在应聘时极为紧张、羞怯，他纵然知道一切问题的答案，仍旧会思维混乱、慌慌张张、张口结舌；他纵然知道举止应落落大方，但是依然会无奈地发现自己做不到这一点。

要让自己能做好该做的事，关键在于调节出好的心理状态。我们可以通过意象法来调节自己。下面我们来做一个想象游戏。

GAME 想象游戏：理想的应试者

想象有一个理想的应试者。

他会怎么样去应对面试？

他会穿什么呢？他会有什么样的姿势和动作？

尽可能详细地想象：他的坐姿是什么样的呢？手放在哪儿？头部的姿势如何？脸上有什么表情？他的眼睛看向哪里？

现在想象一下他说话的样子，体会一下那种自信而又不轻狂的感觉。

扫一扫
体验"理想的应试者"想象游戏

>>> 游戏解析：

你眼前有了一幅真切的图像之后，想象中的这个人就是你自己，或者想象你和他结合成一体。

如果你见到过别人面试，记忆中有优秀的面试者的形象（性别与你相同），试着唤醒这个形象，然后想象他的脸变成了你的脸。反复做几次这样的练习。它可以让你的原始人记住理想的形象，在面试时，原始人会自动引导你向这一形象靠近。

类似的意象训练还有许多，包括想象成功后的情景，想象招聘者们满意的、欣赏的笑容，想象你自己成功后的喜悦，想象你工作时的情景，等等。这些想象一定要尽量逼真和完整。

只有真切的想象才会储存到你的原始人中，当有了一个确切的目标后，原始人就会引导你走向它。这样，你离成功就不远了。

肯为自己负责，原始人才会帮你

进入职场后，许多人会对工作环境心存不满。比如公司中的人际关系中有许多丑恶现象，领导压制"后进"，身边有小人，同事让人看不惯，等等。

于是，有的人愤慨，有的人抗争，但是抗争成功的为数甚少。受挫后，有的从此灰心丧气，没精打采地混日子；有的近墨者黑，和环境中的丑恶现象同流合污；当然，也有人既保持住了美好的内心，又适应了职场环境。

不可否认，职场比学校复杂，吹牛拍马、钩心斗角等不良风气在职场中很常见。这的确让人反感，也是应该改变的。所以人们对此的抱怨和不满是有其合理的一面的。

但是从事情的另一面来看，那些抱怨的人自身也有一个问题，就是用自己理想化的框架去套职场，一旦发现它不如自己的意就抱怨不已。这些人往往不懂得包容，不懂得看到各种职场现象存在的合理性。

某人工作较轻闲，他又很好学，于是便在工作时间学外语。

在他看来，这并不影响工作。领导认为他这样做影响了工作，严厉批评了他。他为此很不满。

工作时间学外语的确影响工作，只是没有影响他自己的工作，而是影响了领导的工作。他应设身处地为领导想一想：如果大家都像他这样做，办公室的氛围将完全变了个样子。这种新的氛围看上去似乎学习氛围很浓，但对于工作而言，还像办公环境吗？

抱怨别人和环境，还反映了一种对自己不负责的心态。请观察一下，什么人喜欢抱怨？是失败者。项羽在面临战败时，说："此天之亡我，非战之罪也。"他失败了，却抱怨天。

抱怨，就是把你失败的责任放在别人或命运身上。"我不成功，也不快乐，是因为别人是坏人，或别人愚蠢，或社会不公，或命运难测。"

这种说法的实质是，原始人在表达："我没有办法控制自己，我自己的命运控制在别人手里。"这话从另一个角度上看也确实如此，因为把自己的成功与快乐交给别人的人，的确容易被命运捉弄。

实际上，你的成功与否，你的快乐与否，应当由你负责。

如果你的合作伙伴是个小人，你没有必要抱怨他。责任在你，因为是你没有看出他是小人，是你选择了和他共事。而对自己负责，就意味着只要你自己有所改变，你就可以避免第二次和小人合作而被伤害，至少，也可以减少这种危险。你会告诉自己："我遇上了小人，这说明我分辨别人的能力还有待提高。我要认真看一看这个人，想一想他的一举一动，下一次选择合作伙伴时，不选和他相似的人。"

如果命运好像总和你作对，让你遇人不淑，那么就可以对自己做一下心理分析："为什么我总会遇到错误的人？"也许，命运对你并不严酷，只不过是你自己没有用心去总结和规避那些不好的人而已。

许多人最爱说的一句抱怨话是："别人都好好的，为什么只有我这么倒霉？"而实际上，别人也不都是好好的，如果不带偏见地去看，几乎每个人都有各自的不幸和烦恼。你丢了几百块，就大叫倒霉，其实，也许此时就有人丢了工作呢；你摔伤腿了，会大叫倒霉，而现实生活中，有好多残疾人没了腿。每个人都会遇到自己的困境，每个人都有可能遭遇灾祸，但一味抱怨并不能帮到你一分一毫。

即便你真的是连遭厄运，也要想一想这其中有没有自己的原因。"祸福无门，唯人自召"，原始人有时会有意损害自己。比如故意受伤，好让自己有机会在重压下喘口气或逃避某些事情。

有一个司机连续几次出车祸，经心理分析，是因为近日家庭矛盾激化，让他十分苦恼，他甚至为此产生过轻生的念头。当他的原始人说"我不想活了"，他屡出车祸事故也就是情理之中的事了。假如你不小心差点让车撞上，司机可能会骂："你不想活了？""你找死呢？"司机无意中道出了一个心理原理：人不想活了就容易选择危及生命的方式。

作家柯云路曾说过："我不病，谁能病我？"也是讲这个道理，即，病往往是我们自己找的。所以，大多数事故、疾病都应该由我们自己负责。

同样，如果你愿意为自己的命运负责，对任何一件事说："这是我自己选择的。"那么，你就会发现可抱怨的人或事是极少的。为自己负责了，你就会发现你的运气会变好，因为你不能把责任推给别人了，就只能去做对自己有用的事，自己把责任担起来。

你要相信自己的原始人是有极强的直觉洞察力的，他可以分辨出谁好谁坏，可以看到怎么做可以遇上好运。只要你肯为自己负责，原始人自有办法来让你避免灾祸。同样，如果原始人让你倒霉，这其中必有心理原因。找到这个原因，改变它，就可以让事情发生改变。

我曾认识一个"倒霉蛋"，他似乎做什么事都没有顺利过，做买卖赔钱，恋爱总失败，好不容易中了个大奖得了辆摩托车，骑了仅一圈就摔断了腿。他是"倒霉体质"吗？其实并不是。

经心理分析，我看到他的理想自我，是类似马云的大实业家，而他的原始人却很自卑，认为自己肯定成不了。所以他的原始人不断地让他"找倒霉"，告诉他：我不是没有能力，是运气不好，才成不了马云。这类似于项羽说的"此天之亡我，非战之罪也"。这就是预先给自己一个台阶。如果他放弃过高的理想自我，树立"做一个实业家，挣20万元"的相对来说较现实的目标，同时用意象法来消除自卑，让自己发挥潜能，他是完全可以实现目标的，也就不用一直让自己当"倒霉蛋"了。

当然，的确会有些状况是自己难以主事的，比如遇上天灾或战争，这时你抱怨也许有些道理。但是抱怨有什么用呢？不要让过多的抱怨消磨了你行动的力量，抱怨过后还得面对现实。因此，不如少些抱怨，将精力放在自己力所能及的事上，这才明智。

想象游戏帮你提升应对力

看清环境，提高自身应对能力

我们有时候不易把握自己的状态与周围环境的状态，无法协调好自己与周遭世界的关系，因此内心充满迷茫与压力，也容易产生抱怨。接下来这个想象游戏，可以呈现你心中的周遭环境，帮你了解压力源，增强自知力，提升应对能力。

🎮 想象游戏：环境意象

想象一个最近让你倍感压力的环境，可以是学校、工作或者实习的地方，也可以是别的让你感到有压力的地方……在想象中，你所处的环境如果不是它白天看上去的那个样子，你觉得它可能会是什么样子呢？再看一看身处这个环境里面的自己，看看自己像什么？

扫一扫
体验"环境意象"想象游戏

>>> **游戏解析：**

想象中的环境代表现实环境在你心中的样子，想象中的自己代表你在这个环境中的心理状态或自我意象，想象中的环境与自我意象的互动就是你和这个现实环境的互动方式。

比如，一个人进入学校仿佛进入弱肉强食的动物世界，老师是老虎可能会吃了他，同学像恶狼一样凶狠地盯着他、追逐着他；而这个人像一只小绵羊一样柔弱，没有攻击性。

很容易想象，这个人和环境互动时，会觉得环境对自己是充满迫害与威胁的，而自己是无力招架的，因此容易出现退让、唯唯诺诺、胆战心惊、恐惧等心理与应对反应。

看到心理层面自己与环境的互动后，你可以问自己一个问题：环境真的和我想象中的一样吗？我自己的现实状态真的和我想象中的自己（也就是自我意象）一样吗？人之所以会产生心理问题，主要是因为无知与偏差，环境意象就是为了让我们看到偏差，从而校正偏差，让自己意识到自己真正的压力源以及释放消极感受，继而认清现实环境怎样，启动自身积极资源，使自己能够应对问题，缓解压力。

找到自己的"守护神"，增强做事勇气

人能获得成长，不是遵循"有多大能力，担多大事"的规律，而是遵循"担多大事，才具备多大能力"的规律。

我们要敢于行动，直接担当。担当会促使我们具备所需要的能力，最终引导我们走向成长与成功。能做到上述行为的前提是，具备勇敢与自信的心理品质。

下面这个想象游戏，可以帮你增加勇气与自信：

🎮 想象游戏：你的"守护神"

每一个人都有很强的潜在生命力，它是你心中的力量和勇气的源泉，它时时刻刻都在保护着你、支持着你。

你不是孤单的，因为你有属于你的潜在生命力。这股生命力被你形象化以后，就会成为"守护神"的样子。

想象你正走在一条路上，要去寻找你的"守护神"。

而他也知道你要去找他，所以他正从远处走来找你。

他可能从路边的房子、树林里或者任何其他的地方出现。

现在你隐约看到远远的地方有一个人影，这个身影越来越大、越来越清晰，渐渐地你可以看清楚他的样子了。

仔细地看看，你的"守护神"是什么样子？

现在，你已经遇到你的"守护神"，你可以跟他说："我很愿意见到你，谢谢你守护我的生命。见到你，我对我的人生更有信心。我相信我的生命是强有力的。我相信我有爱的潜力，有成长的潜力，有创造的潜力。我要利人利己，让我的一生更有光彩。"

想象你的"守护神"听到这些后也对你说一些话，认真地听一听他会对你说什么。

扫一扫
体验"你的'守护神'"想象游戏

>>> **游戏解析：**

"守护神"，象征着你自己心中的力量源泉。

"守护神"不是一个外在的人或者神，不是你依赖的对象，他是你自己心中的力量。每一个人心中都是有力量的，这种力量可以使我们不害怕艰难，在面对挫折的时候有信心、有毅力，有韧劲；而在顺利时，他也和你一起庆祝。

现在，我们通过这个想象游戏更好地发掘自己的"守护神"，无论是顺境还是逆境，让他成为我们力量与勇气的源泉。

在想象中，"守护神"对你说的话，能够引导你的原始人用智慧去行事，是有启发意义的。

需要注意的是，"守护神"不会从丑陋或破败的地方出现，而会从风景优美的地方出现；"守护神"也不会穿黑色的衣服或以丑陋的形象出现。

假如想象中的"守护神"是你的亲友，比如父母或朋友，也许你需要反省一下：是不是你对这个人太依赖了。你也许需要培养自己的独立性。

"美丽的度假村"，放松心灵

几乎所有人在疲惫劳烦的时候都希望可以离开当下的环境，外出度假或旅游，让自己的身体与心灵得到放松与休养。美丽的风景总是能够带给人们轻松、愉悦、清新、舒畅的感觉。下面这个想象游戏，可以帮助大家在想象中实现这个愿望。

🎮 想象游戏：美丽的度假村

想象你离开了现在的环境，顺着一条乡间小路，来到一个美丽的度假村。这个度假村可以是任何一种你自己喜欢的样子。

进了度假村，感受一下这里新鲜的空气，可以敞开心扉尽情地呼吸。感受和煦的阳光和清凉的微风给你带来的舒适感受，享受花草树木的芬芳和各种各样小鸟的鸣叫，用你全身每一个细胞仔细地体会你身处大自然的感觉。

现在，把美丽度假村的场景拍成照片，或者绘制成图片，把你最喜欢的一幕一幕存放在你自己的心里，这样即使你离开度假村，这份放松、美好的感受仍然会留在你的心里。

扫一扫
体验"美丽的度假村"想象游戏

>>> **游戏解析：**

这个想象游戏可以让人在较短时间内得到全然放松的感觉，非常适合在倍感疲惫的时候做，或在周末做。它可以让人从紧张的工作状态完全转入放松的状态。因此，也就不适合在很短的工作间隙做，即将面临和应对的紧张状态会使得放松效果大打折扣。

附录
想象游戏汇总

（1）行驶的汽车（P036）

带你看看自身状态和潜意识中的生活方向

（2）筐中的苹果（P038）

看看自己拥有什么样的人际关系

（3）房间里的我们（P039）

看看自己拥有什么样的两性关系

（4）森林里的小动物（P060）

看看你的主要性格是什么

（5）肌肉放松（P085）

带你体会全身心放松的感觉

（6）全身放松（P086）

帮你平稳缓和情绪

（7）上帝的礼物盒（P097）

帮你了解内心深处与父母的关系，进行自我探索以达到内心的和谐

（8）哄哄童年的自己（P103）

让你获得爱的滋养

（9）三点式分析法（P124）

帮你确认爱情

（10）看动物（P128）

帮你看看在两性关系中，双方的需求是否已得到很好的满足。

（11）挑武器（P143）

帮你更好地释放相应的不良情绪，解决人际沟通问题

（12）理想的应试者（P152）

帮你调整出最好的心理状态

（13）环境意象（P157）

帮你了解压力源，增强自知力，提升应对能力

（14）你的"守护神"（P159）

帮你增加勇气与自信

（15）美丽的度假村（P161）

带你放松身体和心灵

注：想象游戏（3）由黄金级意象对话心理师曹昱创作。想象游戏（10）由黄金级意象对话心理师何明华创作。想象游戏（11）由准黄金级意象对话心理师苑媛创作。想象游戏（1）（7）（13）（15）选自《意象对话临床技术汇总（第2版）》，作者：苑媛、曹昱、朱建军；出版社：北京师范大学出版社；出版时间：2018年1月。

关于掌控自我游戏卡牌

读完了本书，相信你已经有了关于自我探索的收获和触动，现在，动一动手，将这套由职业心理师设计的自我探索工具剪下，玩起来：

方法很简单，将21张卡牌洗好，每次抽取一张，跟随卡牌提示问题做进一步探索。

相信每一次抽取卡牌和回答问题，都会协助你深度挖掘自己。

相信每一个答案，都是你内心原始人最真实的声音，它们会帮助你找到自己天赋的自控力。

假如你的头、胸和下腹的位置各有一个小人，
针对你和伴侣/爱人的关系，
他们分别说了一句话，会说什么？

〜 掌控自我游戏卡牌 〜

假如用一种颜色来描述你当下的情绪，
会是什么颜色？

〜 掌控自我游戏卡牌 〜

体会一下你当下的情绪，
假如情绪会说话，会用哪句话来表达它自己？

〜 掌控自我游戏卡牌 〜

回忆一件引起你情绪波动的事，
体会一下自己当时有哪些情绪？

〜 掌控自我游戏卡牌 〜

当内心产生强烈情绪时，
你通常会采取什么方式来应对？

〜 掌控自我游戏卡牌 〜

假如你面前有张全家福照片，
照片上都有谁？
每个人的位置、样子、穿戴、表情是怎样的？

〜 掌控自我游戏卡牌 〜

可以动手的乐趣！

假如你来到一个最近让自己备感压力的地方
（比如学校、办公室等），
却突然发现它和平时不太一样，它会有哪些变化呢？

〜 掌控自我游戏卡牌 〜

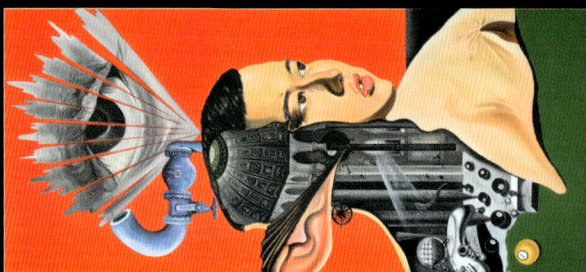

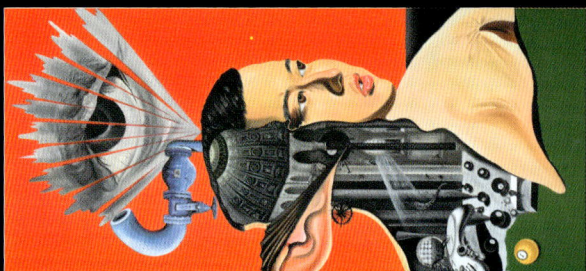

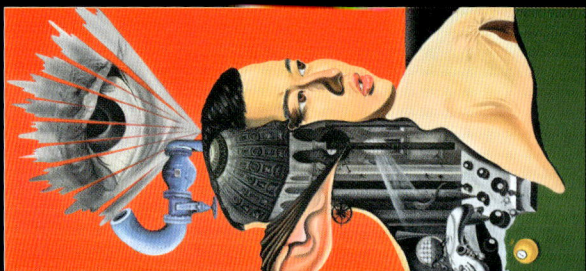

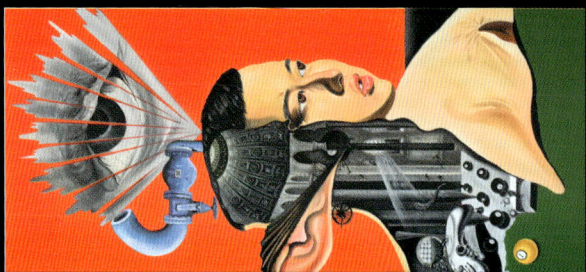

掌控自我
游戏卡牌

静静地体会一下自己当前的状态，
假如你站在一面镜子前，
镜中的自己会是什么样子？

~ 掌控自我游戏卡牌 ~

假如有个武器库在你面前，
你要从中选出一种兵器，
你会选什么呢？

~ 掌控自我游戏卡牌 ~

假如你走入一片森林，看到了一种动物，
这种动物是什么？

~ 掌控自我游戏卡牌 ~

假如你走进一个山洞，发现里面有个藏宝盒，
盒中装着什么宝物？

~ 掌控自我游戏卡牌 ~

假如你面前有一筐苹果，
其中一个苹果吸引了你，
它会是一个怎样的苹果？颜色、大小、气味如何？

~ 掌控自我游戏卡牌 ~

假如你进入一个让自己感到
有些危险的环境，
你最害怕的是什么，会怎么应对？

~ 掌控自我游戏卡牌 ~

可以动手的乐趣！

假如你面前站着一位成功的应聘者，
自信又不张狂，
他会有怎样的打扮、谈吐、表情？

~ 掌控自我游戏卡牌 ~

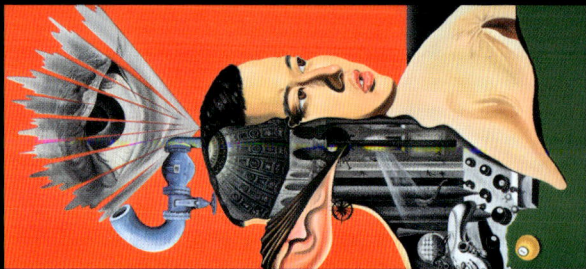

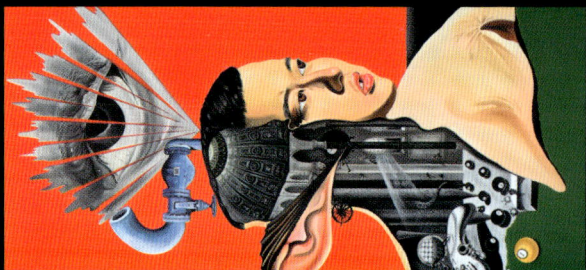

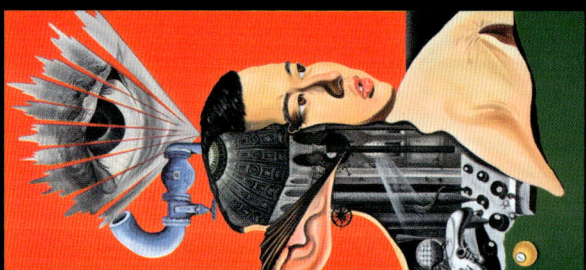

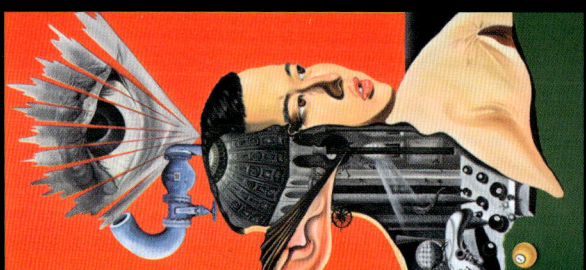

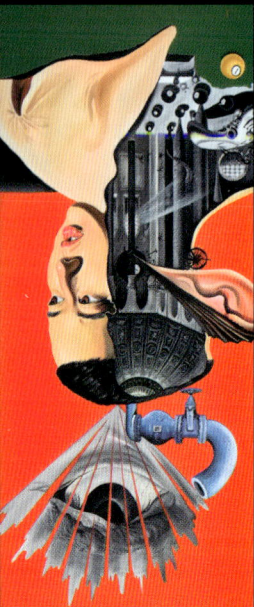

掌控自我
游戏卡牌

假如你是一棵树，会是一棵
什么样的树？（男性回答）假如你是一朵花，
会是一朵什么样的花？（女性回答）

～ 掌控自我游戏卡牌 ～

在亲密关系中，你可能需要关注对方的需要。
此刻问问自己：
TA真正想要的是什么？

～ 掌控自我游戏卡牌 ～

假如生命中最重要的TA对你说了一句话，
来表达TA的真情实感，
这句话会是什么？

～ 掌控自我游戏卡牌 ～

假如你和伴侣/爱人都变成了动物，
看看你们都是什么动物？彼此关系怎样？

～ 掌控自我游戏卡牌 ～

假如你面前有一把高大气派的椅子，
椅上坐着一个人，
看看这个人是什么样子？

～ 掌控自我游戏卡牌 ～

你觉得自己的父母是
挑剔型、冷漠型还是委屈型？
他们对你的内心成长有什么影响？

～ 掌控自我游戏卡牌 ～

可以动手的乐趣！

假如你找到一个强大的人来做朋友，
他正从远处走来，你渐渐地看清。
他会是谁？他是什么样子？

～ 掌控自我游戏卡牌 ～

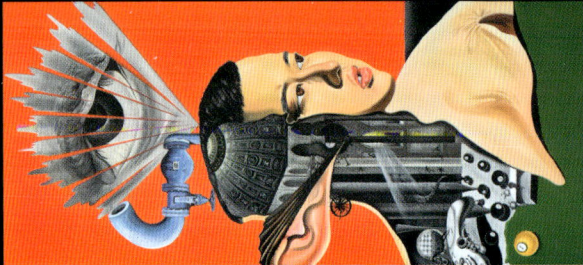

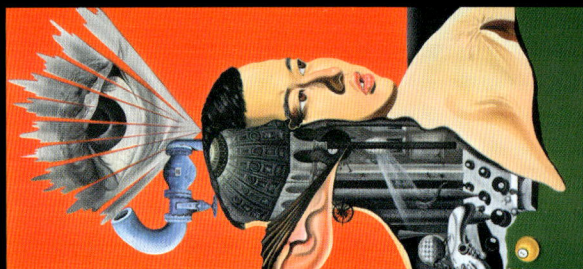

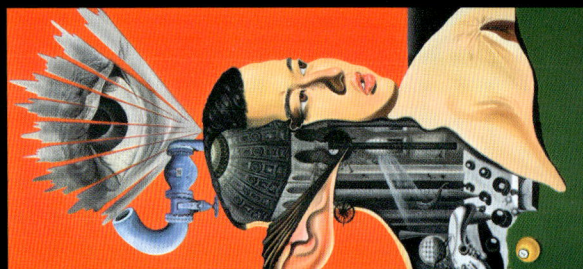

掌控自我
游戏卡牌